Jüdische Küche

Elizabeth Wolf-Cohen

Fotos: David Jordan

Parragon
Queen Street House
4 Queen Street
Bath BA1 1HE, UK

Übersetzung aus dem Englischen: Kirstin Nutto, Schopfheim
Projektmanagement und Lektorat: Nazire Ergün, Köln
Koordination: Antje Seidel, Köln

ISBN 1-40543-519-4

Printed in China

HINWEISE

Sofern die Schale von Zitrusfrüchten benötigt wird, verwenden Sie unbedingt unbehandelte Früchte.
Sofern nicht anders angegeben, wird Vollmilch (3,5 % Fett) verwendet.

Pfeffer sollte stets frisch gemahlener schwarzer Pfeffer sein.

Die angegebenen Zeiten können von den tatsächlichen leicht abweichen, da je nach verwendeter Zubereitungsmethode und vorhandenem Herdtyp Schwankungen auftreten.

Die in jedem Rezept angegebenen Nährwertangaben beziehen sich jeweils auf eine Portion.
Optionale Zutaten und Varianten sind hier nicht eingerechnet.

Bei Eiern und einzelnen Gemüsesorten, z. B. Kartoffeln, verwenden Sie mittelgroße Exemplare.
Kinder, ältere Menschen, Schwangere, Kranke und Rekonvaleszenten sollten auf Gerichte mit rohen oder nur leicht gegarten Eiern verzichten.

Inhalt

Einleitung

Die jüdische Küche zählt zu den interessantesten und vielfältigsten Küchen der Welt. In keiner anderen Küche finden sich so viele regionale Spezialitäten vereint. Nach ihrer Vertreibung aus Palästina zogen die Juden in aller Herren Länder. In ihren neuen Heimatländern behielten sie zwar ihre koschere Küche und Festtagsbräuche bei, übernahmen aber zugleich Zutaten und Eigenheiten der jeweiligen Landesküche.

Eine Besonderheit der jüdischen Küche sind die Speisegesetze (Kaschrut) aus dem Alten Testament, die genau festlegen, welche Nahrungsmittel koscher, d. h. rein sind. Nur Fleisch von Paarhufern, die zugleich Wiederkäuer sind, darf verspeist werden. Fische müssen Schuppen, Kiemen und Flossen haben, andere Wassertiere sind nicht erlaubt. Muscheln, Krebse, Krabben und Aale sucht man daher vergeblich in der jüdischen Küche. Eine weitere wichtige Regel schreibt vor, dass Fleisch nicht mit Milchprodukten kombiniert werden darf. Einige der Vorschriften haben offensichtliche Gründe, doch andere scheinen willkürlich zu sein. Manche meinen, dass diese Rituale entwickelt worden seien, um die besondere Stellung des jüdischen Volkes und seine Einheit mit Gott zu verdeutlichen, andere leiten die Regeln direkt aus der Heiligen Schrift ab. In jedem Fall machen jedoch erst die strengen Vorschriften die jüdische Küche so einzigartig.

Die jüdische Glaubensgemeinschaft lässt sich grob in zwei Gruppen unterteilen: die Aschkenasim, die vorwiegend aus Mittel- und Osteuropa sowie Russland stammen, und die Sephardim aus Spanien, Portugal, dem Nahen Osten und Nordafrika. Die Trennungslinie verläuft etwa entlang der Gebirge, die Nord- von Südeuropa trennen, nämlich entlang des Kaukasus, der Alpen und der Pyrenäen. In diesen unterschiedlichen geografischen Regionen entwickelten sich die verschiedenen Küchen der Aschkenasim und Sephardim.

Die Unterschiede sind mitunter auf Klima, Boden und lokal erhältliche Zutaten zurückzuführen. Die Aschkenasim aus Nord-, Mittel- und Osteuropa lebten ursprünglich in einer überwiegend christlich geprägten Welt, meist abgeschieden auf dem Land, in einem kalten Klima. Sie ernährten sich vorwiegend von Wurzelgemüse wie Karotten, Kartoffeln und Zwiebeln, die in Hühner- oder Gänseschmalz gebraten wurden, sowie von Süßwasserfischen, vor allem Karpfen und Hering, und von geschmorten Eintöpfen mit Fleisch. Die Sephardim lebten dagegen in einem islamisch geprägten Kulturkreis. Sie stammten vor allem aus dem Nahen Osten und dem Mittelmeerraum, wohnten oft in Städten und Hafengebieten, nahmen am Handel ihrer Heimatstädte teil und waren oft wohlhabend. In ihrer Küche spielten mediterrane Gemüsesorten wie Paprika, Auberginen, Zucchini und Tomaten, die mit Olivenöl zubereitet wurden, eine herausragende Rolle ebenso wie Salzwasserfische, Reis und Bohnen, die mit aromatischen Kräutern und Gewürzen verfeinert wurden. Nur selten überschnitten sich diese unterschiedlichen kulinarischen Welten.

ASCHKENASIM

Typisch für die aschkenasische Küche sind gut gewürzte Schmortöpfe mit Zwiebeln, Knoblauch und Rindfleisch – manchmal auch Lamm –, die meistverwendeten Kräuter sind Petersilie, Dill und Schnittlauch. Meerrettich oder Chrein wird gern als würzige Beilage gereicht, ebenso eingelegtes Gemüse. Die in Osteuropa, vor allem in Polen beliebte Kombination von Essig oder Zitronensaft mit Zucker oder Honig verleiht Gemüse und Eintöpfen eine süßsaure Note. In der mitteleuropäischen Küche wurde früher gern Gänse- oder Hühnerschmalz sowie geräucherter oder gesalzener Fisch verwendet, da diese Zutaten billig und überall erhältlich waren. Die aus Amerika eingeführten Kartoffeln waren bald so beliebt, dass sie als Grundla-

ge vieler traditioneller jüdischer Gerichte wie Latkes, Knisches und Kugels dienten. Gerste, Linsen und Kascha (Buchweizen) sind ebenfalls häufige Zutaten. Auch Obst und Gemüse wird in der jüdischen Küche gern verwendet, da sie *parve* (neutral) sind und deshalb zusammen mit Milch- oder Fleischspeisen gegessen werden können. Österreichische, ungarische und deutsche Juden sind für ihre Backkünste berühmt. Viele europäische Juden, die nach Amerika emigrierten, eröffneten dort Bäckereien, in denen sie Brot, Bagels, Bialys, Kuchen, Hefekuchen, Strudel, Plundergebäck und Gebäck verkauften. Die ursprünglich typisch jüdischen Gerichte gehören heute vielfach zum amerikanischen Kulturgut.

SEPHARDIM

Die sephardische Küche ist weit entfernt von der typischen Winterküche der Aschkenasim. Sie zeichnet sich durch den Gebrauch von Olivenöl, Zitronen, Knoblauch, aromatischen Kräutern und manchmal sehr scharfen Gewürzen aus. In der jüdischen Küche Griechenlands und der Türkei verwendet man gern Dill, Oregano und Koriander, in Nordafrika Kreuzkümmel und getrockneten Ingwer. Süßspeisen wird gern Zimt beigefügt. Lammfleisch spielt eine große Rolle, aber auch Salzwasserfische sind verbreitet. Im ganzen Nahen Osten, Mittelmeerraum und Indien sind Fladenbrot, Oliven und Gemüse wie Auberginen, Zucchini, Tomaten, Paprika und Bohnen Grundnahrungsmittel. Mit Walnüssen, Mandeln und Pistazien gefülltes und mit Rosen- und Orangenblütenwasser aromatisiertes Gebäck ist beliebter als die schweren Reispuddings und Süßspeisen der aschkenasischen Küche.

Die marokkanisch-jüdische Küche zeichnet sich durch eine besondere Raffinesse aus, da sie Zutaten der sephardischen Tradition mit feiner französischer Küche kombiniert. Safran, in Salz eingelegte Zitronen, Knoblauch, frischer Koriander und vor allem Zimt, Muskatnuss, Ingwer und Piment finden hier großzügig Verwendung. Im Nahen Osten und Ägypten erfreuen sich Joghurt und Tahini großer Beliebtheit.

Die jüdische Gemeinde in Italien kocht weitgehend in sephardischer Tradition: Gerichte mit Pasta, Klößen und Gemüse, die oft den Zusatz *a la Giudea* – nach jüdischer Art – tragen.

Die überwiegend in Bombay lebenden Bene-Israel-Juden und die jüdische Gemeinde von Cochin in Südindien kochen in der Regel ebenso nach sephardischer Tradition, haben aber indische Gewürze wie Kreuzkümmel, Zimt, Kurkuma, Koriandersamen, Kardamom, Chili und frischen Koriander übernommen. Die Ankunft irakischer Juden im 19. Jahrhundert bereicherte ihre Küche durch frische Kräuter und Gemüse. Heute lebt die Mehrzahl der irakischen Juden in Los Angeles, wo sie großen Einfluss auf die kalifornische Küche genommen haben.

Die Gründung Israels im Jahre 1948 als neue Heimat der Juden wirkte sich erheblich auf die jüdische Küche aus. Talentierte und ambitionierte Jungköche kombinierten alte Gerichte mit neuen Zutaten, hinzu kamen große technische Fortschritte in der Nahrungsmittelproduktion, Landwirtschaft und der Herstellung von koscheren Fertiggerichten. Jemenitische Juden, die sich in Israel niederließen, haben typische Gerichte und Gewürze wie Zhoug – eine scharfe Chili-Paste – und Kubaneh (Sabbat-Brot) in die Küche Israels eingeführt.

Die steten Veränderungen und Vermischungen von Völkern und Kulturen im Nahen Osten, vor allem in Israel, sorgen dafür, dass sich die jüdische Küche unter Beibehaltung bestimmter Traditionen und Rituale fortwährend verändert und weiterentwickelt, was sie zu einer der abwechslungreichsten und gesundesten Küchen der Welt macht.

Suppen, Salate & Vorspeisen

Suppen, Salate und Vorspeisen spielen in der jüdischen Küche eine wichtige Rolle. In Russland serviert man *Zakuski*, im Orient *Meze* – beides Vorspeisenteller mit vielen heißen und kalten Häppchen. In Amerika heißen solche Häppchen *Nosh*. Die Grenze zwischen *Nosh* und Vorspeisen sind fließend – so ist z. B. Gehackte Hühnerleber (s. S. 26) auf einem Stück Baguette ein *Nosh*, hübsch garniert auf einem Teller jedoch eine Vorspeise.

Vorspeisen erfüllten früher einen ganz bestimmten Zweck: Da viele Juden arm waren, fielen die Mahlzeiten oft kärglich aus, und Vorspeisen stillten zumindest den ärgsten Hunger. Im Winter stellten Suppen eine billige, nahrhafte Mahlzeit dar. So erfreuen sich gehaltvolle, herzhafte Gemüse- oder Fleischsuppen mit Linsen, Bohnen oder Gerste in der gesamten jüdischen Küche großer Beliebtheit. In der sephardischen Küche isst man gern Vorspeisen wie Hummus (s. S. 33). Blattsalate sind eher eine moderne Beilage, aber sehr beliebt, ebenso wie Salate mit Gemüse, z. B. Israelischer Salat (s. S. 47), der heute in ganz Israel verbreitet ist.

Borschtsch

Für 6 Personen

25 Minuten

30–40 Minuten

700 g Rote Bete
1 große Zwiebel, gehackt
1,25 l Gemüsebrühe oder Wasser
2–3 EL frisch gepresster Zitronensaft
2 EL brauner Zucker (nach Belieben)
1 TL Salz
Pfeffer
saure Sahne, zum Servieren (nach Belieben)
frisch gehackter Dill oder Schnittlauchröllchen, zum Garnieren

In Russland, Litauen, der Ukraine und anderen osteuropäischen Ländern findet man unzählige Varianten des Borschtsch: So kann er mit oder ohne Fleisch oder mit anderen Gemüsesorten neben der unentbehrlichen Roten Bete zubereitet werden. Man kann ihn püriert oder klar mit Gemüsestücken kalt oder warm servieren.

Die Rote Bete gründlich unter fließend kaltem Wasser waschen, um Sand und Kies zu entfernen.

Die Bete schälen und raspeln. In einen großen, schweren Topf legen. (Um das Verfärben der Hände zu vermeiden, beim Verarbeiten der Roten Bete Gummihandschuhe tragen.)

Die Zwiebel zugeben und Brühe zugießen. Langsam zum Kochen bringen und teilweise abgedeckt 20–30 Minuten köcheln lassen, bis das Gemüse weich ist. Vom Herd nehmen und etwas abkühlen lassen.

Das Gemüse mit Brühe in einen Mixer gießen und pürieren, den Topf ausspülen und das pürierte Gemüse zurück in den Topf gießen.

Alles zum Kochen bringen, Zitronensaft und Zucker zugeben, mit Salz und Pfeffer würzen. 2–3 Minuten köcheln lassen und abschmecken. Die Suppe sollte süßsauer schmecken, bei Bedarf noch etwas Zitronensaft oder Zucker zugeben und eventuell mit etwas Brühe verdünnen.

Die Suppe heiß mit einer Sahnespirale garniert (falls verwendet) und mit Dill oder Schnittlauch bestreut servieren. Man kann diese Suppe auch kalt servieren. Dann abgedeckt kalt stellen und eventuell noch etwas verdünnen, da sie beim Abkühlen eindickt.

Tipp

Für ein koscheres Mahl die saure Sahne weglassen, wenn noch ein Fleischgericht folgt.

Süßsaure Kohlsuppe

Für 6 Personen

20 Minuten

2 Stunden 30 Minuten

- 1 kg Suppenfleisch
- 1 Markknochen (nach Belieben)
- 2 l kaltes Wasser
- 2 Zwiebeln, gehackt
- 2 Karotten, klein geschnitten
- 2 große Tomaten, gehäutet, entkernt und gewürfelt
- 1 kleiner Weißkohl, vom Strunk befreit und geraspelt
- 50 g Sultaninen
- Saft von 2 Zitronen
- 3–4 EL brauner Zucker (nach Belieben)
- Salz und Pfeffer

Kohl war das meistverwendete Gemüse der osteuropäischen Aschkenasim. Gekocht, geschmort oder gebacken wurde er zu Kartoffeln, Pilzen, Kastanien und Karotten gereicht, aber auch als Pastetenfüllung und natürlich als Suppeneinlage verwendet.

Tipp

Soll die Suppe als Hauptgericht dienen, zusammen mit dem Kohl 450 g geschälte und gewürfelte Kartoffeln sowie mit den Fleischwürfeln noch 2–3 in feine Ringe geschnittene Porreestangen zugeben. Mit knusprigem Brot servieren.

Fleisch, Markknochen (falls verwendet) und Wasser in einen großen Topf mit gut schließendem Deckel geben. Bei mittlerer Hitze zum Kochen bringen, Schaum von der Oberfläche abschöpfen. 5 Minuten kochen, dann Hitze reduzieren und ca. 1 Stunde köcheln lassen.

Zwiebeln, Karotten, Tomaten und, falls nötig, noch etwas Wasser zugeben und 1 weitere Stunde köcheln lassen, bis das Fleisch gar ist. Das Fleisch vorsichtig herausnehmen und auf ein Brett legen, den Markknochen entfernen und wegwerfen.

Kohl und Sultaninen in die Brühe geben und abgedeckt 10–15 Minuten köcheln lassen, bis der Kohl gar ist. Etwas Wasser zufügen, falls die Brühe zu sehr reduziert ist.

Das Fleisch in mundgerechte Stücke schneiden und wieder in die Brühe geben. Die Suppe mit Zitronensaft, Zucker, Salz und Pfeffer abschmecken. Weitere 10 Minuten köcheln lassen. Gegebenenfalls noch einmal mit Zitronensaft und Zucker abschmecken. Kochend heiß servieren.

Pilzsuppe

mit Graupen

Für 8 Personen

25 Minuten, plus 20 Minuten Einweichzeit

1 Stunden 15 Minuten

- 25 g getrocknete Wildpilze
- 1 EL Öl
- 1 Zwiebel, fein gewürfelt
- 2 Karotten, fein gewürfelt
- 1 kleine Steckrübe, fein gewürfelt
- 450 g Champignons, klein gewürfelt
- 1 l Gemüsebrühe oder Wasser
- 250 g Perlgraupen
- 1 TL Salz
- Pfeffer
- frisch gehackter Dill, zum Garnieren

In den feuchten Wäldern Osteuropas gedeihen Wildpilze besonders gut. Gesammelt werden vor allem Steinpilze und Pfifferlinge, da diese einen intensiven Geschmack haben und am leichtesten zu identifizieren sind. Man serviert sie schlicht mit Zwiebeln in Hühner- oder Gänseschmalz angebraten oder als würzige Einlage in Suppen und Eintöpfen.

Die getrockneten Pilze in eine kleine, hitzebeständige Schüssel geben, mit kochendem Wasser übergießen und 20 Minuten einweichen.

Das Öl in einem großen Topf erhitzen. Die Zwiebel darin 3–5 Minuten dünsten. Karotten, Steckrübe und Champignons zugeben und 5 Minuten mitdünsten.

Brühe oder Wasser zugießen und bei starker Hitze zum Kochen bringen. Eventuell Schaum von der Oberfläche abschöpfen. Perlgraupen in einem Sieb unter fließend kaltem Wasser waschen, dann in die kochende Brühe einrühren. Mit Salz und Pfeffer abschmecken. Hitze reduzieren und 30–35 Minuten köcheln lassen, bis Gemüse und Graupen weich sind; falls nötig, noch etwas Brühe zugeben.

Mit einem Schaumlöffel die getrockneten Pilze aus der Einweichflüssigkeit nehmen (nicht durch ein Sieb gießen, denn dabei setzt sich der Sand in den Pilzen fest). Die Pilze klein hacken oder in Scheiben schneiden und zur Suppe geben.

Die Einweichflüssigkeit durch ein Tuch in die Suppe seihen. Weitere 25 Minuten köcheln lassen, bis die Pilze weich sind, eventuell noch etwas Brühe zugießen. Heiß mit Dill garniert servieren.

Erbsensuppe
mit Flanken

Für 8–10 Personen

20 Minuten, plus 4–6 Stunden Einweichzeit

2 Stunden 15 Minuten

- 2 EL Olivenöl oder anderes Öl
- 1 kg Flanken (s. Erläuterung)
- 2 Zwiebeln, fein gehackt
- 2 Selleriestangen, klein gewürfelt
- 2 große Karotten, klein gewürfelt
- 1 große Kartoffel, klein gewürfelt
- 500 g grüne oder gelbe getrocknete Erbsen, 4–6 Std. oder über Nacht eingeweicht
- 2 l Rinder-, Hühner- oder Gemüsebrühe oder Wasser
- Salz und Pfeffer
- frisch gehackte Petersilie, zum Garnieren

Flanken ist Rindfleisch mit Knochen aus der hohen Rippe. Zusammen mit Linsen spielt Flanken in der jüdischen Küche Nordeuropas eine bedeutende Rolle. Sie waren nicht nur als wohlschmeckende Zutaten, sondern auch als Energielieferanten in einem rauen, kalten Klima notwendig.

Das Öl in einem großen Topf erhitzen und das Fleisch darin 5 Minuten rundum anbraten; dabei einmal wenden. Die Zwiebeln zugeben und 5 Minuten goldbraun anbraten. Sellerie, Karotten und Kartoffel zugeben und 2–3 Minuten andünsten. Die Erbsen abgießen und in den Topf geben.

Die Brühe eingießen und bei starker Hitze zum Kochen bringen; eventuell Schaum von der Oberfläche abschöpfen. Die Hitze reduzieren und abgedeckt 2 Stunden köcheln lassen, bis Fleisch, Gemüse und Erbsen gar sind. Gelegentlich umrühren und, falls nötig, noch Brühe zugießen.

Nach Belieben einen Teil der Suppe im Mixer oder mit dem Pürierstab pürieren. Danach wieder in den Topf geben und mit Salz und Pfeffer abschmecken. Heiß mit Petersilie bestreut servieren.

Tipp

Zu diesem herzhaften Eintopfgericht passt am besten dunkles Brot.

Variation

Das Fleisch weglassen und die Erbsen durch rote Linsen ersetzen (diese müssen nicht eingeweicht werden). 1–2 Knoblauchzehen, 2 gehäutete und gewürfelte Tomaten zugeben, dann je ½ Teelöffel gemahlenen Kreuzkümmel, Koriander und Cayennepfeffer mit dem Gemüse zugeben, und mit je 1 Esslöffel frisch gepresstem Zitronensaft und Olivenöl abschmecken.

Schtschaw

Für 8 Personen

25 Minuten, plus 3–4 Stunden Kühlzeit

6 Minuten

- 500 g Sauerampfer, gründlich gewaschen
- 1 große Zwiebel, fein gehackt
- 1 Selleriestange, klein gewürfelt
- 1 l Gemüsebrühe oder Wasser
- abgeriebene Schale und Saft von 1 Zitrone
- Salz und Pfeffer
- 2–3 EL Zucker (nach Belieben)
- saure Sahne, zum Servieren
- frische Dillzweige, zum Garnieren (nach Belieben)

Schtschaw, eine leicht säuerlich schmeckende Sauerampfersuppe, ist in der jüdischen Küche Osteuropas und Russlands sehr beliebt. Sauerampfer wächst in vielen Regionen wild, ist aber oft nicht leicht zu finden. Schtschaw wird häufig am Schawuot, einem Erntefest im Frühsommer, serviert.

Die harten Stiele vom Sauerampfer entfernen und die Blätter fein hacken. Sauerampfer, Zwiebel und Sellerie in einen großen Topf geben und die Brühe zugießen. Die Brühe bei starker Hitze zum Kochen bringen, dabei den Schaum von der Oberfläche abschöpfen. Die Hitze reduzieren und teilweise abgedeckt 20 Minuten köcheln lassen, dann etwas abkühlen lassen.

Die Suppe in einem Mixer oder mit dem Pürierstab fein pürieren, wieder in den Topf geben und Zitronenschale und -saft zugeben. Mit Salz, Pfeffer und Zucker abschmecken. In eine hitzebeständige Schüssel gießen und abkühlen lassen, dann 3–4 Stunden in den Kühlschrank stellen.

Den kalten Schtschaw in gekühlten Schalen servieren. Etwas saure Sahne zugeben und leicht unterrühren. Vor dem Servieren mit Dillzweigen garnieren.

Tipp

Statt Sauerampfer kann man auch jungen Spinat, ein Bund Brunnenkresse und etwas mehr Zitrone nehmen.

Italienische Bohnensuppe mit Pasta

Für 6 Personen

25 Minuten, plus 8 Stunden Einweichzeit

2 Stunden

350 g weiße Bohnen, über Nacht eingeweicht
2 EL Olivenöl
1 Zwiebel, fein gehackt
1 Selleriestange, klein gewürfelt
1 Karotte, klein gewürfelt
450 g Tomaten, gehäutet, entkernt und klein gewürfelt
3–4 Knoblauchzehen, zerdrückt
2 Lorbeerblätter
2 TL gerebelter Rosmarin
1 TL getrockneter Salbei
½ TL Chiliflocken
1 l Hühner- oder Gemüsebrühe
100 g Nudeln
je 3 EL frisch gehackte Petersilie und frisch gehacktes Basilikum, plus etwas mehr zum Garnieren
Salz und Pfeffer

Schmackhafte Bohnensuppen mit Gemüse und Kräutern sind sowohl in der aschkenasischen als auch der sephardischen Küche beliebt. Italien hatte einst eine große jüdische Gemeinde.

Die eingeweichten Bohnen abgießen, abspülen, in einen großen Topf geben und mit Wasser bedecken. Bei starker Hitze zum Kochen bringen, Schaum von der Oberfläche abschöpfen. Die Hitze reduzieren und 1½ Stunden kochen; falls nötig, noch etwas Wasser zugießen. Vom Herd nehmen.

In einem anderen großen Topf das Öl erhitzen und die Zwiebel darin 3 Minuten dünsten. Sellerie und Karotte zugeben und 4–5 Minuten mitdünsten. Tomaten, Knoblauch, Lorbeerblätter, Rosmarin, Salbei und Chiliflocken zufügen und 8–10 Minuten mitdünsten.

Die gegarten Bohnen abgießen – etwas Kochsud aufbewahren – und zum Gemüse in die Brühe geben. Aufkochen und Schaum abschöpfen.

Die Nudeln in die köchelnde Suppe geben und ohne Deckel 8–10 Minuten garen. Petersilie und Basilikum einrühren, mit Salz und Pfeffer abschmecken. Von dem Kochwasser der Bohnen so viel einrühren, bis die Suppe eindickt. Heiß mit gehackter Petersilie und Basilikum bestreut servieren.

Tipp

Frische Tomaten können auch durch italienische Eiertomaten aus der Dose ersetzt werden.

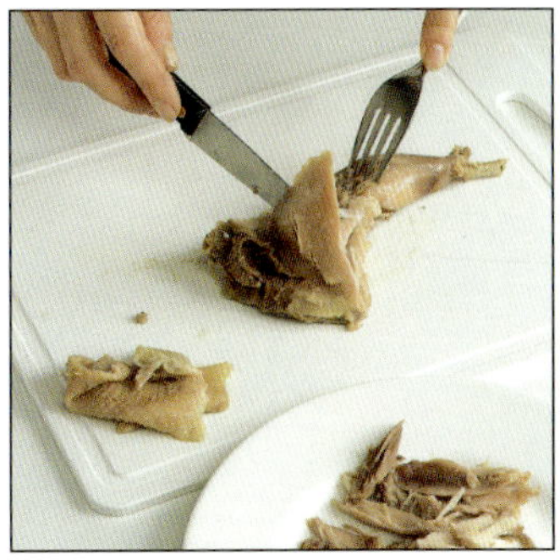

Traditionelle Hühnersuppe mit Matzenklößchen

Für 8–10 Personen

50 Minuten, plus 8 Stunden Kühlzeit

3 Stunden 30 Minuten

1 großes Suppenhuhn (ca. 2,5 kg), in vier Teile geschnitten, mit Innereien (ohne Leber), Hals und Krallen
3 große Karotten, gewürfelt
2 große Zwiebeln, geviertelt (etwas Zwiebelschale aufheben)
2 Selleriestangen, in Scheiben
2 Porreestangen, längs halbiert und gründlich gewaschen
1 Tomate, geviertelt
2 Knoblauchzehen, geschält
2 Hühnerbrühwürfel (nach Belieben)
1 EL schwarze Pfefferkörner
1 TL Salz
1 Bouquet garni
1 Portion Matzenklößchen (s. S. 151)
2 EL frisch gehackte Petersilie

Jede jüdische Gemeinde hat ihr eigenes Hühnersuppen-Rezept, je nach Herkunft variieren die Gewürze, aber die Grundzutaten sind immer dieselben.

Hühnerteile, Innereien, Hals und Krallen waschen, in eine große Schüssel legen und mit kochendem Wasser übergießen. Wasser abschütten, Haut oder Sand von den Krallen kratzen.

Alles in einen großen Topf geben und mit Wasser bedecken. Bei starker Hitze zum Kochen bringen, Schaum von der Oberfläche abschöpfen. Gemüse, Knoblauch, Brühwürfel (falls verwendet), Pfefferkörner, Salz und Bouquet garni zugeben, 2 Minuten kochen, Schaum abschöpfen. Die Hitze reduzieren und 2½–3 Stunden köcheln lassen, falls nötig, Wasser nachgießen. Hühnerteile und Innereien herausnehmen, die Brühe in eine große Schüssel gießen, abkühlen lassen und über Nacht in den Kühlschrank stellen. Das Hühnerfleisch vom Knochen lösen und mit den Innereien in kleine Stücke schneiden, ebenfalls abgedeckt über Nacht kalt stellen.

Die Matzenklößchen (s. S. 151) zubereiten. Das erkaltete Fett von der Suppe abschöpfen, die Suppe in einen großen Topf gießen, Hühnerfleisch und Innereien zugeben und bei großer Hitze zum Kochen bringen. Die Matzenklößchen in die Suppe geben und die Hitze reduzieren. 25 Minuten köcheln lassen, bis die Klößchen gar sind und an die Oberfläche kommen. Die Petersilie einrühren und kochend heiß servieren.

Tipp

Statt mit Matzenklößchen kann man diese Suppe auch mit Reis, Nudeln, Matzentäschchen oder Kreplach – einer Art Maultasche – (s. S. 159) servieren.

Heringe in saurer Sahne

Für 6–8 Personen

20 Minuten, plus 2 Stunden Kühlzeit

–

500 g eingelegte Heringe
1 Zwiebel, in dünne Ringe geschnitten
4 säuerliche Äpfel, halbiert und entkernt (nicht geschält)
2 TL Zitronensaft oder Apfelessig
½ TL Zimt
2–3 TL Zucker (nach Belieben)
250 g saure Sahne
Salz und Pfeffer
Pumpernickel, zum Servieren

Hering spielte als preisgünstiger Fisch in der jüdischen Küche Osteuropas eine wichtige Rolle. In Deutschland, Polen und Russland waren viele jüdische Fischhändler mit Heringhandel beschäftigt.

Tipp

In Feinkostgeschäften finden Sie eine größere Auswahl eingelegter Heringe. Gesalzene Heringe müssen mindestens 4–6 Stunden in kaltem Wasser, das mehrmals gewechselt wird, eingeweicht werden.

Die Heringe abtropfen lassen und mit Küchenpapier trockentupfen. Zwiebeln und Marinade wegschütten. Jeden Hering diagonal in 5–6 Stücke schneiden. In eine Schüssel legen und die Zwiebelringe darauf verteilen.

Die Äpfel in dünne Scheiben schneiden und diese zu Hering und Zwiebelringen geben.

In einer kleinen Schüssel Zitronensaft, Zimt, 2 Teelöffel Zucker und saure Sahne verrühren. Mit Salz und Pfeffer abschmecken und gegebenenfalls Zitronensaft oder Zucker zugeben.

Die Sauce über Heringe, Zwiebelringe und Äpfel gießen und alles verrühren. Mindestens 2 Stunden oder über Nacht abgedeckt kalt stellen. Mit Pumpernickel servieren.

Gehackter Hering

Für 4–6 Personen

20 Minuten, plus 8 Stunden Einweichzeit

–

- 12 Mürbekekse
- 3–4 Granny-Smith-Äpfel oder 2 Kochäpfel, geschält, entkernt und in Stücke geschnitten
- 4 große Eier, hart gekocht, geschält und geviertelt
- 4–6 gesalzene Heringsfilets ohne Haut, über Nacht eingeweicht
- 50 ml Apfelessig
- 1/4 TL gemahlener Zimt
- 2 TL Zucker (nach Belieben)
- Pfeffer
- frische Petersilienzweige, zum Garnieren

Hering war in den armen jüdischen Gemeinden Osteuropas ein Grundnahrungsmittel und wurde am Ende der Fastenzeit gegessen, um den Salzhaushalt des Körpers wieder auszugleichen. Gehackter Hering ist in der jüdischen Küche in Großbritannien und Südafrika immer noch eine beliebte Vorspeise, die oft am Freitagabend serviert wird.

Die Kekse in der Küchenmaschine fein mahlen und in eine große Schüssel geben. Die Äpfel in der Küchenmaschine zerkleinern, aber nicht pürieren, und in die Schüssel geben.

Erst die Eier, danach die Heringe in der Küchenmaschine zerkleinern und beides in die Schüssel geben. Alles gut mischen.

Essig, Zimt und Zucker einrühren und mit Pfeffer abschmecken. Gegebenenfalls mehr Zucker oder Essig zugeben. Die Mischung auf einer Platte anrichten und bis zum Servieren abgedeckt kalt stellen. Mit Petersilienzweigen garnieren.

Gehackte Hühnerleber

Für 6–8 Personen

20 Minuten, plus 2–3 Stunden 30 Minuten Kühlzeit

20 Minuten

- 450 g Hühnerleber
- Salz
- 2 EL Öl, eventuell etwas mehr, falls nötig
- 2 Zwiebeln, fein gehackt
- 3–4 große Eier, hart gekocht, geschält und gewürfelt
- Pfeffer
- Hühner- oder Gemüsebrühe oder Wasser (nach Belieben)
- frische Petersilien- oder Dillzweige, zum Garnieren
- Challah (s. S. 222), Roggenbrot oder Matzen, zum Servieren

Die Ursprünge dieses Gerichts sind nicht bekannt, doch es gehört zu den bekanntesten und beliebtesten Gerichten der jüdischen Küche. Trotz der wenigen Zutaten variieren Geschmack und Aussehen von Region zu Region. Meist wird Hühnerleber verwendet.

Um die Leber koscher zu machen, Grill bei mittlerer Temperatur vorheizen. Die Leber unter fließend kaltem Wasser waschen, abtropfen lassen, mit Küchenpapier trockentupfen und mit Salz bestreuen. Dann auf ein mit Backpapier ausgelegtes Backblech legen. 4 Minuten grillen, bis die Oberfläche trocken und leicht gebräunt ist. Wenden und weitere 3–4 Minuten grillen, das Fleisch darf nicht mehr rosa sein. (Durch diesen Prozess wird jegliches Blut entfernt und die Leber koscher.) Die Leber abkühlen lassen und den austretenden Saft abgießen.

Das Öl in einer schweren Bratpfanne erhitzen und die Zwiebeln 10 Minuten unter gelegentlichem Rühren darin andünsten, bis sie bräunen.

Leber und Zwiebeln in der Küchenmaschine grob zerkleinern. Eier zugeben, mit Salz und Pfeffer abschmecken. Alles gut vermengen, aber nicht pürieren. Ist die Masse zu trocken, etwas Öl, Brühe oder Wasser zugeben.

Die Lebermischung in eine mit kaltem Wasser ausgespülte Schüssel oder Form geben, Oberfläche glatt streichen. Abgedeckt 2–3 Stunden oder bis zum Servieren kalt stellen. Auf einen Teller stürzen und mit Petersilien- oder Dillzweigen garnieren. Zum Stürzen die Form kurz in heißes Wasser tauchen, dann umgedreht auf einen Teller stürzen. Mit Challah (s. S. 222), Roggenbrot oder Matzen servieren.

Falafel

Ergibt ca. 30 Bällchen

30 Minuten

15 Minuten

800 g Kichererbsen aus der Dose
1 Scheibe altes Brot ohne Rinde
1 Zwiebel, geviertelt
4 Knoblauchzehen, geschält (nach Belieben)
2 EL frisch gehackter Koriander oder frisch gehackte Petersilie
1 EL gemahlener Koriander
1 TL gemahlener Kreuzkümmel
1–2 TL Salz
¼–½ TL Cayennepfeffer
Pfeffer
3 EL Mehl
1 TL Backpulver
Öl, zum Frittieren
Pita-Brot, Salat, eingelegtes Gemüse und Tahini, zum Servieren

Dieser leckere Imbiss ist im ganzen Nahen Osten beliebt, doch in Israel ist er fast ein Nationalgericht. Die Bällchen schmecken pur ebenso gut wie als Teil einer Vorspeisenplatte oder in warmem Pita-Brot mit Salat, Tomaten und etwas Tahini oder Zhoug (s. S. 138).

Die Kichererbsen abgießen, abspülen und abtropfen lassen. Ca. 3–4 Esslöffel der Flüssigkeit aus der Dose aufbewahren, 1 Esslöffel auf die Brotscheibe träufeln, einziehen lassen und ausdrücken. Brot und Kichererbsen in der Küchenmaschine – eventuell portionsweise – fein pürieren. Die Masse in eine große Schüssel geben.

Die Zwiebel in der Küchenmaschine pürieren und zu den Kichererbsen geben, anschließend Knoblauch und Koriander pürieren und zu dem Kichererbsenpüree geben. Gemahlenen Koriander, Kreuzkümmel, Salz und Cayennepfeffer in die Kichererbsenmasse einrühren und mit Pfeffer abschmecken. Alles sehr gut vermengen.

Mit Mehl und Backpulver bestreuen. Mit den Händen zu einem weichen Teig kneten, eventuell noch etwas Flüssigkeit zugeben, damit der Teig besser bindet. Mit angefeuchteten Händen nussgroße Bällchen formen und auf ein Backblech legen. Die Bällchen kann man bis hierhin gut im Voraus vorbereiten und später verwenden. In diesem Fall bis zum Frittieren kalt stellen.

In eine Fritteuse oder einen Wok ca. 7 cm hoch Öl geben und das Öl auf 180–190 °C erhitzen (ein Brotwürfel sollte darin in 30 Sekunden bräunen). Die Bällchen portionsweise im Öl jeweils 2–3 Minuten goldbraun frittieren. Mit einem Schaumlöffel herausnehmen und auf Küchenpapier abtropfen lassen. Warm mit Salat, eingelegtem Gemüse und Tahini in Pita-Brot servieren.

Auberginen-Dip

Für 8–10 Personen

15 Minuten, plus 2 Stunden Kühlzeit

35 Minuten

- 2 Auberginen (ca. 700 g)
- 3–4 EL frisch gepresster Zitronensaft (nach Belieben)
- 50 g Tahini
- 3–4 Knoblauchzehen, zerdrückt
- Salz und Pfeffer
- 2–3 EL natives Olivenöl extra, plus etwas mehr zum Beträufeln

Garnierung

- frisch gehackte Petersilie
- einige schwarze Oliven
- warmes Pita-Brot oder Matzen, zum Servieren

Im Nahen Osten gibt es zahlreiche Varianten dieses köstlichen Auberginen-Dips, der manchmal auch Auberginen-Kaviar oder Baba ganusch genannt wird.

Den Backofen auf 230 °C vorheizen. Die Auberginen rundum mit einem scharfen Messer einstechen und auf ein Backblech legen. 35 Minuten backen, dabei häufig wenden. Etwas abkühlen lassen.

Jede Aubergine längs halbieren, das Fleisch herauskratzen, in eine Küchenmaschine geben und pürieren.

Zitronensaft, Tahini und Knoblauch zugeben, mit Salz und Pfeffer abschmecken. Noch einmal mixen, dabei das Öl langsam eintröpfeln lassen, bis das Püree cremig und glatt ist. Eventuell noch einmal abschmecken, dann das Püree in eine Schüssel geben. Abgedeckt mindestens 2 Stunden oder über Nacht kalt stellen.

Zum Servieren auf einem flachen Teller anrichten. In die Mitte eine kleine Vertiefung drücken, in diese Olivenöl träufeln. Den Dip mit Petersilie und Oliven garnieren. Mit warmem Pita-Brot oder mit Matzen servieren.

Tipp

Dieser Dip schmeckt am besten mit Auberginen, die über Holzkohle 30–40 Minuten oder so lange gegrillt werden, bis die Haut schwarz und das Fleisch butterweich ist.

Hummus

Für 8–10 Personen

20 Minuten

–

- 800 g Kichererbsen aus der Dose
- 3–4 Knoblauchzehen, fein gehackt
- 50 ml frisch gepresster Zitronensaft
- 50 g Tahini, plus etwas mehr zum Servieren (nach Belieben)
- 1–2 EL Wasser
- Salz
- Cayennepfeffer
- Olivenöl (nach Belieben), zum Servieren
- frisch gehackte Petersilie, zum Garnieren
- geröstetes Pita-Brot, zum Servieren

Dieser köstliche cremige Dip ist eine alte Spezialität aus dem Nahen Osten. In Jerusalem wird er mit Olivenöl beträufelt und mit Paprikapulver und Pinienkernen bestreut serviert. Mittlerweile ist der Dip auch bei uns sehr beliebt und wird ebenso als Fertigprodukt angeboten. Selbst gemacht schmeckt er aber am besten.

Die Kichererbsen abgießen, abspülen und gut abtropfen lassen. 2 Esslöffel Kichererbsen zum Garnieren aufbewahren, den Rest mit dem Knoblauch in der Küchenmaschine fein pürieren.

Zitronensaft, Tahini und Wasser zugeben und glatt rühren. Mit Salz und Cayennepfeffer abschmecken. Die Paste in eine Schüssel geben und etwas Wasser unterrühren, bis eine dicke, glatte, cremige Paste entsteht (abgedeckt ist diese bis zu 5 Tage im Kühlschrank haltbar). Zum Servieren das Hummus auf einem flachen Teller dünn ausstreichen (ca. 5 mm hoch). Mit dem Löffelrücken eine Vertiefung in die Mitte drücken und nach Belieben etwas Öl oder Tahini in die Vertiefung geben. Die restlichen Kichererbsen klein hacken und darauf verteilen, Cayennepfeffer darüber stäuben und mit Petersilie bestreuen. Mit getoastetem Pita-Brot servieren.

Römische Artischocken

Für 6 Personen

25 Minuten

25 Minuten

- 2–3 Zitronen, halbiert
- 12 kleine, junge Artischocken
- 125 ml Olivenöl, plus etwas mehr zum Servieren
- 1 Bund frisch gehackte glatte Petersilie
- 1 kleines Bund frisches Basilikum, klein gezupft
- 4–5 Knoblauchzehen, fein gehackt
- 1 TL Salz
- Pfeffer
- 250 g Matzenmehl, zum Panieren
- Öl, zum Frittieren
- frische Petersilie oder Basilikumblätter, zum Garnieren

Dieses berühmte Gericht brachten die Juden im Mittelalter nach Rom. Ursprünglich verwendete man die dortigen kleinen, schmalen Artischocken, die so beschnitten wurden, dass sie nach dem Ausbacken Sonnenblumen ähnelten.

Tipp

Am besten verwendet man die kleinen violetten Artischocken. Größere runde Artischocken eignen sich zwar auch, doch muss man bei ihnen das Heu und die äußeren Blätter entfernen.

Eine große Schüssel halb mit Wasser füllen, den Saft aus den Zitronen in die Schüssel pressen und die Zitronenhälften hineinlegen.

Harte oder eingerissene Blätter der Artischocken entfernen und das obere Ende mit einem scharfen Messer abschneiden. Die Stängel auf 5–7 cm kürzen und, falls nötig, schälen. Die Artischocken sofort in das Zitronenwasser legen, damit sie sich nicht verfärben.

In einer kleinen Schüssel das Öl mit Petersilie, Basilikum, Knoblauch, Salz und Pfeffer verrühren. Das Matzenmehl in eine flache Schale geben und beiseite stellen.

Die Artischocken abtropfen lassen. Jede Artischocke am Stängel nehmen und die Oberseite flach auf die Arbeitsfläche drücken, sodass sich die Blätter aufspreizen. Etwas von dem Öldressing zwischen die Blätter träufeln, dann jede Artischocke im Matzenmehl wenden.

In einer großen, schweren Pfanne ca. 5 mm hoch Öl erhitzen. Die Artischocken nebeneinander in die Pfanne legen und abgedeckt 25 Minuten braten, bis sie weich und goldbraun sind. 3–4-mal wenden, damit sie gleichmäßig bräunen. Auf eine Servierplatte legen und den Kochsud darüber löffeln oder mit frischem Öl beträufeln. Vor dem Servieren auf Raumtemperatur abkühlen lassen. Mit Petersilie oder Basilikum garnieren.

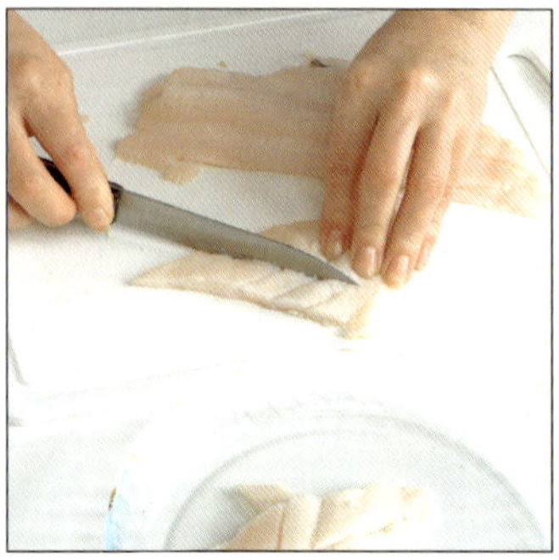  

Eingelegter Fisch
auf südamerikanische Art

Für 4–6 Personen

40 Minuten, plus 2–3 Stunden Kühlzeit

–

- 1 kg gemischte Fischfilets mit festem, weißem Fleisch, z. B. Seezunge und Heilbutt (nach Belieben gehäutet)
- 225 ml frisch gepresster Zitronensaft
- 225 ml frisch gepresster Limettensaft
- 2 frische rote Chillies, in dünne Ringe geschnitten
- 2 rote Zwiebeln, in dünne Ringe geschnitten
- 2 Knoblauchzehen, fein gehackt
- eine Prise Zucker
- Salz und Pfeffer
- frische Korianderblätter, zum Garnieren

Durch die Emigration in zahlreiche Länder ist die jüdische Küche reich an regionalen Zutaten und Zubereitungsarten. Ihr kulinarisches Repertoire ist daher besonders groß. Dieses in der jüdischen Küche von Mexiko und Südamerika sehr beliebte Gericht heißt Ceviche.

Die Fischfilets diagonal in 3 cm breite Streifen schneiden und diese nebeneinander auf eine große Servierplatte legen.

In einer Schüssel Zitronen- und Limettensaft, Chillies, Zwiebeln, Knoblauch und Zucker verrühren, mit Salz und Pfeffer abschmecken. Über die Fischstreifen gießen und gleichmäßig verteilen.

Abgedeckt 2–3 Stunden in den Kühlschrank stellen, bis das Fleisch weiß ist. Nicht länger marinieren, da sonst das Eiweiß durch die Säure denaturiert und der Fisch auseinander fällt.

Einige Streifen jeder Fischsorte auf Tellern anrichten und etwas Dressing darüber träufeln, dabei Chillies und Zwiebeln gleichmäßig verteilen. Mit Korianderblättern garnieren und servieren.

Piroschki

Ergibt ca. 36 Pasteten

30 Minuten, plus 2 Stunden 30 Minuten Kühlzeit

25–55 Minuten

450 g Blätterteig

Füllung

1 EL Öl
1 Zwiebel, fein gehackt
250 g Rinder- oder Lammhack, oder gemischt
1 TL Salz
Pfeffer
frisch geriebene Muskatnuss (nach Belieben)
¼ TL getrockneter Thymian
2 EL frisch gehackte Petersilie
2 Eier, verquirlt

Der Ursprung der Piroschki liegt in Russland. Für diese Variante werden fertiger Blätterteig und Hackfleisch verwendet. Sie passen sehr gut zu Hühnersuppe (s. S. 21) und Borschtsch (s. S. 9), sie sind aber auch als Snack oder Hors d'œuvre geeignet.

Für die Füllung das Öl in einer mittelgroßen Pfanne erhitzen und die Zwiebel darin 5 Minuten glasig dünsten. Das Fleisch zugeben und 5–8 Minuten anbraten, bis alle Flüssigkeit verdampft ist, dabei gelegentlich umrühren. Mit Salz, Pfeffer und Muskat abschmecken und die Kräuter einrühren. Vom Herd nehmen und die Hälfte des verquirlten Eis unterrühren. Die Mischung in eine Schüssel geben, abkühlen lassen und mindestens 2 Stunden oder über Nacht in den Kühlschrank stellen.

Den Backofen auf 200 °C vorheizen. Zwei große Backbleche einfetten (Piroschki eventuell portionsweise backen). Den Teig vierteln und jeweils ein Viertel verarbeiten. Jedes Teigviertel auf einer leicht bemehlten Arbeitsfläche ca. 3 mm dick ausrollen.

Mit einer runden Form von 7,5 cm Durchmesser Teigplatten ausstechen. Den Rand jeder Platte mit etwas verquirltem Ei bestreichen und in die Mitte 1 gehäuften Teelöffel Füllung geben. Eine Hälfte der Teigplatte über die andere klappen und am Rand zusammendrücken. Mit einer Gabel ein dekoratives Muster in den Rand drücken. Teigreste zusammenkneten und verarbeiten, bis alles aufgebraucht ist.

Die Teigtaschen im Abstand von ca. 5 cm auf die Backbleche legen und 20–30 Minuten in den Kühlschrank stellen. (Alle anderen Teigtaschen kalt stellen, bis die Backbleche wieder frei sind.)

Jedes Piroschki mit Ei bestreichen und 15–20 Minuten goldbraun backen. Zum Abkühlen auf ein Kuchengitter legen.

Knisches – Kartoffel-Pasteten

Ergibt ca. 24 Pasteten

30 Minuten, plus
2 Stunden 30 Minuten Kühlzeit

1 Stunde 15 Minuten

Teig

300 g Mehl, gesiebt

1 TL Backpulver

½ TL Salz

125 g Butter, in kleine Stücke geschnitten

ca. 125 g saure Sahne

1 Ei, verquirlt, zum Bestreichen

Füllung

2 EL Butter oder Öl

2 Zwiebeln, fein gehackt

2–3 große Kartoffeln, gekocht und zerstampft

1 Ei

Salz und Pfeffer

Zu Beginn des 19. Jahrhunderts verkauften jüdische Straßenhändler aus Russland und Osteuropa Knisches von ihren Handkarren aus. Heute gehören sie in Amerika zu den beliebtesten Snacks. Beim Erntefest Schawuot im Frühsommer werden sie traditionell mit Hüttenkäse gefüllt.

Für den Teig Mehl, Backpulver und Salz in die Küchenmaschine geben und vermengen. Butter zugeben und kneten, bis sich feine Krümel bilden. Saure Sahne zufügen und alles zu einem geschmeidigen Teig verarbeiten. Ist er zu trocken, nach und nach etwas Wasser zugießen.

Den Teig auf eine bemehlte Arbeitsfläche legen und leicht durchkneten. Zu einer Kugel rollen und diese flach drücken. Mindestens 2 Stunden abgedeckt in den Kühlschrank stellen.

Für die Füllung die Butter bei mittlerer Hitze in einer Pfanne zerlassen und die Zwiebeln darin unter häufigem Rühren 15 Minuten glasig dünsten. Vom Herd nehmen, die Kartoffeln unterrühren und etwas abkühlen lassen. Das Ei einrühren und mit Pfeffer und Salz abschmecken. Abkühlen lassen.

Auf einer bemehlten Arbeitsfläche den Teig ca. 3 mm dick ausrollen, in 10 cm große Quadrate schneiden und darauf je 1 Esslöffel Füllung geben. Die Ränder mit etwas Ei bestreichen und das Quadrat so falten, dass ein Dreieck entsteht. Gut andrücken und mit einer Gabel ein Muster in den Rand drücken. Teigreste verkneten und wie beschrieben verarbeiten. Die Pasteten auf Backbleche legen und 30 Minuten kalt stellen. Den Backofen auf 200 °C vorheizen.

Die Pasteten im Abstand von ca. 3 cm auf ein mit Backpapier ausgelegtes Backblech legen, mit Ei bestreichen und oben einstechen. 20 Minuten backen, bis die Pasteten goldbraun sind. Auf einem Kuchengitter abkühlen lassen.

Ei-Zwiebel-Snack

Für 6 Personen

15 Minuten

–

- 1 große Zwiebel, geviertelt
- 8 große Eier, hartgekocht, geschält und geviertelt
- 2–3 EL Hühnerschmalz oder Margarine
- Salz und Pfeffer
- 1 hart gekochtes Eigelb, durch ein Sieb passiert
- Frühlingszwiebeln in Ringen, zum Garnieren
- Roggen- oder Schwarzbrot, zum Servieren (nach Belieben)

Dieses Eigericht wird freitagabends oft als Vorspeise pur oder mit Gehackter Hühnerleber (s. S. 26) serviert. Gedünstete Zwiebel oder Frühlingszwiebeln nehmen dem Gericht etwas von der Schärfe.

Die Zwiebelviertel in einer Küchenmaschine grob zerkleinern. Eier und Hühnerschmalz zugeben und mixen, aber nicht zu lange rühren, da die Masse nicht zu glatt werden darf. Mit Salz und Pfeffer abschmecken.

In eine Servierschale oder auf eine Servierplatte geben und bis zum Servieren abgedeckt in den Kühlschrank stellen. Auf Tellern anrichten und mit etwas Eigelb und Frühlingszwiebeln garnieren. Dazu nach Belieben Roggen- oder Schwarzbrotscheiben reichen.

Tipp

Besonders köstlich schmeckt dazu geräucherter Lachs.

Gefilter Fisch

Für 6–8 Personen

45 Minuten, plus 3 Stunden 30 Minuten bis 4 Stunden 30 Minuten Kühlzeit

1 Stunde 30 Minuten

Brühe

- 1,5 kg Gräten und Köpfe von Weißfisch, gründlich gesäubert
- 2 Zwiebeln, in Ringen
- 2 Karotten, in Scheiben
- 1 Selleriestange, in Scheiben
- 4–5 frische Petersilienzweige
- 1 TL Salz
- 1 TL schwarze Pfefferkörner
- 1 TL Zucker

Klößchen

- 2 kg gemischte Weißfischfilets, z. B. Kabeljau, Wittling, Heilbutt und Red Snapper, dazu etwas Karpfen oder Hecht, in Stücke geschnitten
- 2 Zwiebeln, grob gehackt
- 3 Eier, leicht verquirlt
- 1½–2 TL Salz
- ½ TL gemahlener weißer Pfeffer
- ¼ TL frisch geriebene Muskatnuss
- 50 g Matzenmehl
- 50 ml Wasser
- 1 Karotte, in dünne Scheiben geschnitten
- frische Petersilienzweige und Zitronenspalten, zum Garnieren
- Chrein (s. S. 130), zum Servieren

Die Ursprünge dieses Rezeptes gehen mindestens bis ins Mittelalter zurück. In der deutsch-jüdischen Küche wurden für den Sabbat Hechtklößchen zubereitet. Heute bezeichnet man mit Gefiltem Fisch meist Weißfischklößchen, die in Fischbrühe gegart werden.

Die Zutaten für die Brühe in einen großen Topf geben, mit Wasser bedecken und bei starker Hitze zum Kochen bringen. Schaum von der Oberfläche abschöpfen. Die Hitze reduzieren und 30 Minuten köcheln lassen, dann in einen anderen Topf abseihen.

Für die Klößchen Fisch und Zwiebeln in der Küchenmaschine (eventuell portionsweise) fein pürieren. Eier, Salz, Pfeffer und Muskat unterrühren. Die Mischung in eine große Schüssel füllen. Nach und nach Matzenmehl und Wasser zugeben. Die Masse sollte leicht klebrig sein und nicht auseinander fallen. Abgedeckt 30 Minuten kalt stellen.

Aus der Masse mit zwei Teelöffeln Klößchen ausstechen und auf ein angefeuchtetes Backblech legen. Die Brühe wieder zum Kochen bringen und die Klößchen hineingeben. Die Hitze reduzieren und 1 Stunde köcheln lassen. Nach 30 Minuten die Karotte zugeben. Vom Herd nehmen und abkühlen lassen. Die Klößchen in eine Schüssel geben und die Brühe darüber seihen. Auf jedes Klößchen eine Karottenscheibe legen, die übrigen Scheiben dazwischen verteilen. Abgedeckt 3–4 Stunden oder über Nacht kalt stellen. Garnieren und mit Chrein servieren.

Israelischer Salat

Für 4 Personen

20 Minuten

-

2 große reife Tomaten
1 große Salatgurke, geschält
1 grüne Paprika, entkernt
1 große rote Zwiebel oder
  1 Bund Frühlingszwiebeln

½ Bund frische Petersilie
3–4 EL Olivenöl
Saft von 1 Zitrone
Salz und Pfeffer

Dieser Salat ist ein israelischer Klassiker. Ursprünglich war er Bestandteil des „Frühstücksbüffets“ im Kibbutz, wobei alle Zutaten in separaten Schüsseln angerichtet wurden und beliebig kombiniert werden konnten. Das Gemüse sollte sehr fein gewürfelt sein.

Die Tomaten entkernen, sehr fein würfeln und in eine große Salatschüssel geben. Die Gurke vierteln (nach Belieben die Samen auskratzen) und in sehr kleine Würfel schneiden, die Paprika würfeln und die Zwiebel fein hacken. Alles in die Schüssel geben.

Die Petersilienblätter von den Stängeln zupfen und klein hacken. Ebenfalls in die Schüssel geben und unterheben.

In einer kleinen Schüssel Öl, Zitronensaft, Salz und Pfeffer verrühren. Abschmecken, über den Salat gießen und unterheben. Sofort servieren.

Variation

Das Gemüse mit Tahinidressing servieren: In einer kleinen Schüssel 3–4 Esslöffel Tahini mit 2 Esslöffel (oder nach Belieben) frisch gepresstem Zitronensaft verrühren. Mit Salz und Pfeffer abschmecken. Das Dressing am Schluss noch mit Wasser oder Zitronensaft verdünnen.

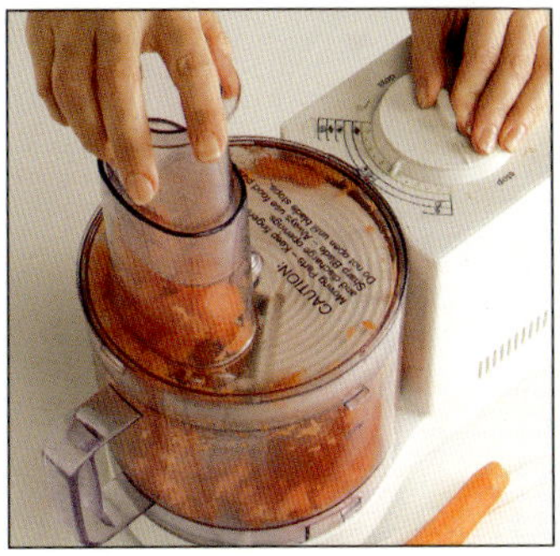

Marokkanischer Karottensalat

Für 4–6 Personen

15 Minuten, plus 3–4 Stunden Kühlzeit

5 Minuten

- 450 g Karotten, geschält (nach Belieben auch kurz gegart)
- 3–4 EL Olivenöl oder anderes Öl
- 2 Knoblauchzehen, gehackt
- 1 TL Salz
- 1 ½ TL gemahlener Kreuzkümmel (nach Belieben)
- ½ TL Chiliflocken
- 1 TL Zucker
- 2–3 EL frisch gehackter Koriander oder frisch gehackte Petersilie, plus einige Blätter zum Garnieren
- 3–4 EL frisch gepresster Zitronensaft

Dieser würzig-süße Salat ist nicht nur in Israel, sondern im ganzen Nahen Osten beliebt. Einige Traditionalisten garen die Karotten vor dem Raspeln, doch rohe Karotten schmecken knackiger.

Variation

Saft und abgeriebene Schale von 1 Orange und ¼ Teelöffel gemahlene Nelken zum Dressing geben.

Die Karotten in der Küchenmaschine fein raspeln und in eine große Schüssel geben.

2 Esslöffel Olivenöl in einer kleinen Pfanne erhitzen und den Knoblauch darin 2 Minuten anbräunen. Salz, Kreuzkümmel, falls verwendet, Chiliflocken und Zucker einrühren. Vom Herd nehmen und etwas abkühlen lassen.

Das restliche Öl, Koriander und Zitronensaft zugeben und verrühren. Das Dressing über die Karotten geben und gut mischen.

Abdecken und 3–4 Stunden oder über Nacht in den Kühlschrank stellen. In eine Servierschüssel füllen und mit den Koriander- oder Petersilienblättern garnieren.

Rote-Bete-Salat

mit Brunnenkresse

Für 6 Personen

20 Minuten

–

1–2 große Bund Brunnenkresse, gewaschen und geputzt

10–12 kleine gekochte Rote Bete, geschält und gewürfelt

Senfvinaigrette

50 ml Weißweinessig

½ TL Zucker (nach Belieben)

2 Knoblauchzehen, zerdrückt

1 EL Dijonsenf

Salz und Pfeffer

5 EL Sonnenblumen- oder Maiskeimöl

5–6 EL Olivenöl

Rote Bete sind seit Jahrhunderten fester Bestandteil der russisch-jüdischen Küche. Eingelegte Bete verliehen dem ansonsten eher schlichten Speisezettel Farbe und Würze, und so gibt es unzählige Varianten von Rote-Bete-Salaten.

Variation

Für den typischen aschkenasischen Rote-Bete-Salat wird die Bete gewürfelt oder in Scheiben geschnitten, mit etwas Olivenöl, Zitronensaft, Salz und Pfeffer angemacht und mit frischer Petersilie oder Koriander garniert.

Für die Vinaigrette Essig, Zucker (falls verwendet), Knoblauch, Senf, Salz und Pfeffer in einer kleinen Schüssel gut verrühren.

Mit einem Schneebesen oder einer Gabel nach und nach das Sonnenblumen- oder Maiskeimöl, dann das Olivenöl einrühren, bis eine sämige Sauce entsteht. Abschmecken und beiseite stellen.

Die Brunnenkresse in eine große Schüssel geben und etwas Dressing darüber träufeln. Vorsichtig unterheben, dann den Salat auf Teller verteilen. Einige Brunnenkresseblätter beiseite legen. Die Rote Bete in eine separate Schüssel geben, die restliche Vinaigrette darüber geben und mischen.

Die Rote Bete auf die Brunnenkresse löffeln und mit den zurückgelegten Blättern garnieren. Sofort servieren.

Warmer **Kartoffelsalat**

Für 4–6 Personen

20 Minuten

25 Minuten

1 kg fest kochende Kartoffeln
2 Dillgurken, gewürfelt
50 ml Weinessig (rot oder weiß)
2 EL Öl, plus etwas mehr zum Beträufeln (nach Belieben)
1 Zwiebel, fein gehackt
1–2 Knoblauchzehen, fein gehackt
1 Selleriestange, klein gewürfelt
Salz und Pfeffer
1 EL brauner Zucker
1 EL mittelscharfer Senf
1–2 EL frisch gehackte Petersilie

Seit dem 18. Jahrhundert, als Friedrich der Große an die Armen kostenlos Kartoffelsaaten verteilen ließ, um der Hungersnot Herr zu werden, sind Kartoffeln ein wichtiger Bestandteil des aschkenasischen Speisezettels.

Die Kartoffeln schälen und in 1 cm große Würfel schneiden. In einem großen Topf Salzwasser zum Kochen bringen, die Kartoffeln darin 10 Minuten garen, dann abgießen. Sie sollten nicht zu weich werden.

Die Kartoffeln in eine große Schüssel geben, Dillgurken und die Hälfte des Essigs zugeben und unterheben.

Das Öl in einer Pfanne erhitzen. Die Zwiebel darin 2–3 Minuten glasig dünsten. Knoblauch und Sellerie zugeben und 2–3 Minuten unter häufigem Rühren mitdünsten. Mit Salz und Pfeffer abschmecken, dann Zucker, Senf und den restlichen Essig zugeben und gut verrühren.

Die Sauce über die Kartoffeln gießen, die Petersilie zugeben und vorsichtig umrühren. In eine Servierschale füllen und warm servieren. Nach Belieben kann man auch noch etwas Öl darüber träufeln.

Orangen-Avocado-Salat mit Granatapfelkernen

Für 4 Personen

30 Minuten

-

1 kernlose Orange
1 reifer Granatapfel, in Spalten geteilt
2 reife Avocados
frisch gepresster Saft von ½ Zitrone
4 EL Weißweinessig
1–2 EL Honig
Salz und Pfeffer
2 EL natives Olivenöl extra
1 EL Sonnenblumenöl
frische Minzeblätter von ½ Bund
ca. 24 Kalamata-Oliven, entsteint

Die Avocado ist ein Hauptexportprodukt Israels. Sie wird vielseitig verwendet: für Salate, Vorspeisen und sogar als „Erstfrucht" für Babys. Ebenfalls exportiert werden Shamouti-Orangen und Granatäpfel. In diesem Salat lassen sich alle drei Früchte wunderbar kombinieren.

Die Orange mit einem scharfen Messer schälen, weiße Haut entfernen. Über einer Schüssel mit dem Messer in Spalten teilen, das Fleisch aus den Trennhäuten lösen. Die Trennhäute über einer Schüssel ausdrücken. Mit einem Löffel die Granatapfelkerne auskratzen und in eine kleine Schüssel geben, die Spalten über einer anderen Schüssel auspressen.

Die Avocados halbieren und die Kerne entfernen. Mit einem stumpfen Messer das Fleisch ringsum von der Schale lösen.

Die Avocadofrüchte soweit längs einschneiden, dass sie am Ende noch zusammenhalten. Jede Hälfte auf einen Salatteller legen und mit der Hand leicht flach drücken, bis sie aufgefächert ist. Mit Zitronensaft beträufeln.

In einer kleinen Schüssel Essig und Honig verrühren und mit Salz und Pfeffer abschmecken. Ca. 2 Esslöffel Orangensaft und 1 Esslöffel Granatapfelsaft einrühren, beide Ölsorten und die Hälfte der Minzeblätter zugeben.

Orangenspalten und Oliven auf den Tellern verteilen, mit Granatapfelkernen bestreuen und Dressing darüber träufeln. Mit den restlichen Minzeblättern garnieren. Sofort servieren.

Gurkensalat

mit Dill

Für 6–8 Personen

15 Minuten, plus 8 Stunden Kühlzeit

–

1 große Salatgurke
4 EL Weißwein- oder Apfelessig
1–2 EL Zucker (nach Belieben)
2–4 EL frisch gehackter Dill
125 ml Wasser
Salz und Pfeffer

Sowohl die aschkenasische als auch die sephardische Küche kennen unzählige Gurkensalat-Varianten. Erstere zieht ein süßlich-scharfes Essigdressing vor, letztere ein Joghurtdressing.

Mit einem Gemüseschäler die Gurke streifenweise schälen, dann die Gurke in dünne Scheiben hobeln und diese mit dem Saft in eine große Schüssel geben. Essig, Zucker, Dill und Wasser in einer kleinen Schüssel verrühren und mit Salz und Pfeffer abschmecken. Über die Gurke geben, alles verrühren und abgedeckt über Nacht in den Kühlschrank stellen. Gekühlt servieren.

Sephardische Dressing-Version

250 g Naturjoghurt, 1 zerdrückte Knoblauchzehe, 2 Esslöffel Zitronensaft und 3–4 Esslöffel frisch gehackte Minze oder frisch gehackten Dill verrühren und mit Salz und Pfeffer abschmecken. Über die Gurke geben, alles verrühren und über Nacht in den Kühlschrank stellen. Kalt servieren.

Tabouleh

Für 10–12 Personen

20 Minuten, plus 8 Stunden Einweichzeit

–

250 g grobkörniger Bulgur

2 große reife Tomaten, gehäutet, entkernt und gewürfelt, oder 4–5 Eiertomaten aus der Dose, klein gewürfelt (Saft aufheben)

1 Salatgurke, geschält, entkernt und klein gewürfelt

1 rote Zwiebel oder 4–6 Frühlingszwiebeln, in dünne Ringe geschnitten

½ Bund frische Petersilie, gehackt

1 kleines Bund frische Minze, fein gehackt

Saft von 2–3 Zitronen

175 ml Olivenöl, plus etwas mehr zum Servieren (nach Belieben)

Salz und Pfeffer

frische Minzeblätter und Kalamata-Oliven, zum Garnieren (nach Belieben)

In der sephardischen Küche wird Bulgur oft als Alternative zu Reis als Beilage, aber auch als Füllung für Geflügel verwendet. In diesem orientalischen Salat bildet er die Hauptzutat.

Den Bulgur in eine große Schüssel geben, mit kaltem Wasser bedecken und 8 Stunden oder über Nacht quellen lassen. Gelegentlich umrühren. Falls nötig, noch Wasser zugießen.

In ein Sieb geben, abtropfen lassen und in einem sauberen Küchentuch sanft auspressen. In eine große Schüssel geben und mit einer Gabel auflockern.

Tomaten, Gurke, Zwiebel, Petersilie und Minze zugeben und unterrühren. Zitronensaft und Öl einrühren, mit Salz und Pfeffer abschmecken. Das Tabouleh sollte würzig-scharf schmecken. Abgedeckt bis zum Servieren in den Kühlschrank stellen.

Das Tabouleh auf einer flachen Servierplatte anrichten. Mit Minzeblättern und Kalamata-Oliven garnieren, nach Belieben etwas Öl darüber träufeln.

Hauptgerichte

Vegetarische Kost war früher in der jüdischen Küche sehr verbreitet, da Fleisch kostspielig war. Zudem waren Lagerung und Aufbewahrung schwierig. Fleisch-, Geflügel- und Fischgerichte gab es daher meist nur am Sabbat und an Festtagen. Viele traditionelle Fleischgerichte sind Schmortöpfe mit nur geringem Fleisch- oder Knochenanteil. Da die strengen Speisevorschriften (Kaschrut) das Abhängen von Fleisch nur in Ausnahmefällen erlauben, war das Schmoren eine gute Alternative, um zartes Fleisch zu erhalten.

In der aschkenasischen Küche wird traditionell eher Rindfleisch verwendet, da Lamm und Hammel in Osteuropa früher kaum erhältlich waren, in der sephardischen Küche hingegen werden die Gerichte gern mit Lamm zubereitet. Geflügel ist heute in der gesamten jüdischen Küche beliebt.

In Mittel- und Osteuropa lebten ehemals viele Juden von der Gänsezucht, und so war die Gans seit jeher der wichtigste Fleischlieferant. Dem Huhn kommt in der sephardischen Tradition oftmals eine besondere Bedeutung zu, viele sephardische Hühnchengerichte werden deshalb speziell an Feiertagen zubereitet. Fisch ist ebenfalls allgemein beliebt, da er *parve*, d. h. neutral ist und sowohl mit Fleisch- als auch mit Milchspeisen kombiniert werden kann.

Gebratene Poularde

mit würziger Matzenfüllung

Für 4–6 Personen

20 Minuten, plus 30 Minuten Einweich- & Ruhezeit

1 Stunde 45 Minuten

- 1 Poularde (ca. 1,6–1,8 kg), gewaschen und trockengetupft
- 1 Zitrone, halbiert
- Salz und Pfeffer
- 1 EL Hühnerschmalz oder Öl
- 1 Zwiebel, geviertelt
- 125–225 ml Wasser
- frische Petersilie, zum Garnieren

Matzenfüllung

- 2–3 Matzen, in kleinen Stücken
- 125 ml Hühnersuppe oder -brühe oder Wasser, erhitzt
- 2 EL Hühnerschmalz oder Öl
- 1 große Zwiebel, fein gehackt
- 1 Selleriestange, klein gewürfelt
- 3–4 EL gemischte frisch gehackte Kräuter
- 1 Ei, verquirlt

Geflügel ist seit dem Mittelalter wichtiger Bestandteil der jüdischen Küche. Seine Beliebtheit verdankt es zum Teil der Tatsache, dass es laut Kaschrut (den Speisegesetzen) auch ohne Schochet (professioneller Schächter) geschlachtet werden durfte.

Den Backofen auf 200 °C vorheizen. Für die Füllung Matzen in eine große Schüssel geben und die Suppe darüber gießen. Stehen lassen, bis sie die Flüssigkeit aufgesaugt haben. Schmalz oder Öl in einer Pfanne erhitzen, Zwiebel und Sellerie 5 Minuten darin dünsten. Etwas abkühlen lassen, Matzen zugeben, nochmals abkühlen lassen, dann Kräuter und Ei unterrühren.

Die Poularde außen mit einer Zitronenhälfte einreiben, die andere in die Körperhöhlung auspressen. Innen und außen mit Salz und Pfeffer bestreuen und mit Schmalz einreiben.

Die Füllung in die Halsöffnung löffeln, Beine mit Küchengarn zusammenbinden. Die Zwiebel in einen Bräter geben und die Poularde darauf legen. $1\frac{1}{4}$–$1\frac{1}{2}$ Stunden im Ofen braten, dabei gelegentlich mit Bratensaft begießen. Das Fleisch ist gar, wenn beim Einstechen in den Schenkel klarer Bratensaft austritt. Nach der Hälfte der Garzeit das Wasser zugießen.

Die Poularde auf ein Brett legen und 15 Minuten mit Alufolie abgedeckt ruhen lassen. Bräter auf den Herd stellen und Sud langsam zum Kochen bringen; Schaum und Fett von der Oberfläche abschöpfen. Abschmecken und eventuell noch etwas Wasser zugeben. Die Sauce in eine Sauciere geben, die Füllung entnehmen und in eine Schüssel geben. Dann die Poularde auf einer Servierplatte anrichten. Mit Petersilie garnieren.

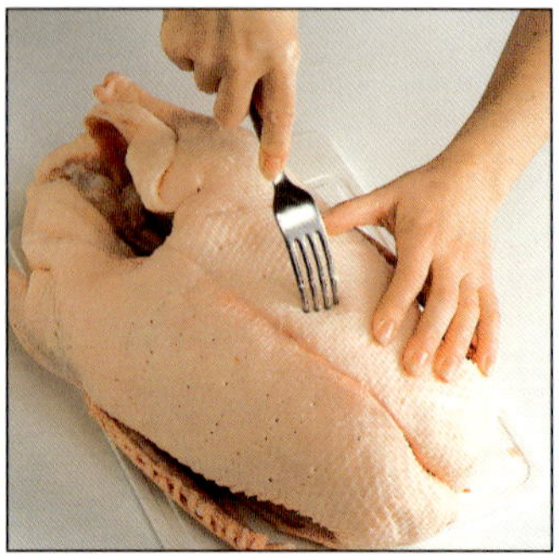

Gebratene Gans

mit fruchtiger Apfelfüllung

Für 6–8 Personen

30 Minuten, plus 40 Minuten Kühl- & Ruhezeit

2 Stunden 15 Minuten

1 EL Öl
1 große Zwiebel, fein gehackt
4–5 große Äpfel, geschält, entkernt und in Scheiben geschnitten
125 g entsteinte Backpflaumen, klein gewürfelt
100 g Rosinen oder Sultaninen
125 g getrocknete Aprikosen, klein gewürfelt
425 g gegarte Kastanien ohne Schale aus der Dose, abgetropft
1 TL frisch gehackter oder ½ TL getrockneter Thymian
1–2 EL frisch gehackte Petersilie
Salz und Pfeffer
1 Gans (ca. 3,5–4 kg)
1 EL Kartoffelstärke
125 ml Apfelsaft
1 EL Apfelessig
125 ml Wasser
Brunnenkresse oder frische Petersilie, zum Garnieren

Die Gänsezucht war in vielen mittel- und osteuropäischen Ländern ein typisch jüdischer Beruf. Die als „jüdischer Truthahn" bezeichnete Gans spielte aber nicht nur als Sabbat-Essen eine große Rolle – ihr Schmalz wurde zum Kochen verwendet, Federn und Daunen wurden verkauft und ihre Leber zu Pastete verarbeitet.

Den Backofen auf 230 °C vorheizen. Das Öl in einer Pfanne erhitzen und die Zwiebel darin 5 Minuten dünsten. Äpfel, Trockenfrüchte, Kastanien, Kräuter und etwas Wasser zugeben und 2–3 Minuten mitdünsten, bis das Wasser verdampft ist. Abschmecken und abkühlen lassen.

Die Gans von überschüssigem Fett und dem fettigen Hautlappen am Bürzel befreien. Haut und Inneres mit Salz und Pfeffer einreiben. Die Haut rundum mit einer Gabel einstechen. Die Füllung in die Öffnung löffeln. Die Beine mit Garn zusammenbinden. Im Bräter 30 Minuten im Ofen braten.

Die Ofentemperatur auf 180 °C reduzieren. Fett abgießen und die Haut rundum einstechen. Die Gans wenden und 1 weitere Stunde braten. Gelegentlich mit Bratensaft begießen und Fett abschöpfen. Die Gans wieder wenden und begießen. Weitere 30 Minuten braten, bis beim Einstechen in den Schenkel klarer Saft austritt. Auf ein Brett legen und mit Alufolie abgedeckt 20 Minuten ruhen lassen. Die Füllung entnehmen und in eine Schüssel geben. Warm stellen.

Das Fett bis auf einen Löffel abgießen. Bräter auf den Herd stellen. Kartoffelstärke in den Sud einrühren, dann Apfelsaft, Essig und Wasser. Unter Rühren zum Kochen bringen. Hitze reduzieren und 5 Minuten köcheln lassen. Sauce in eine Sauciere gießen. Die Gans auf einer Platte anrichten.

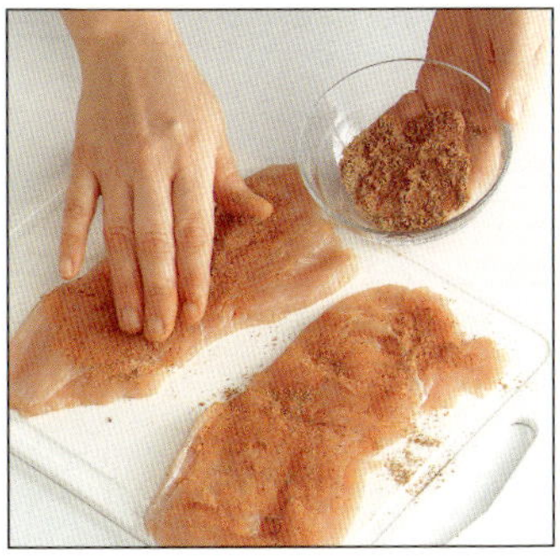

Putenschnitzel

Für 4 Personen

15 Minuten, plus 30 Minuten Ruhezeit

15–20 Minuten

- 450 g Putenbrustfilet, in ca. 1 cm dicke Scheiben geschnitten
- 1 ½ TL gemahlener Kreuzkümmel
- ½ TL Paprikapulver
- ½ TL Kurkuma
- ½ TL gemahlener Koriander
- Salz und Pfeffer
- 90 g Mehl
- 2 Eier, verquirlt
- 150 g Matzenmehl oder Semmelbrösel
- 3–4 EL Öl, zum Braten
- Zitronenspalten und frische Petersilienzweige, zum Garnieren

Viele Fleischsorten sind in Israel oft sehr teuer oder kaum erhältlich, daher wird gern Geflügel aus den zahlreichen Geflügelfarmen als Alternative genommen. „Wiener Schnitzel" mit Putenfleisch zählt zu den beliebtesten Gerichten in Israel.

Jedes Filet zwischen Butterbrotpapier oder Frischhaltefolie legen und mit einem Nudelholz so dünn wie möglich ausrollen.

Kreuzkümmel, Paprika, Kurkuma, Koriander, Salz und Pfeffer in einer Schale mischen. Die Fleischscheiben auf beiden Seiten mit der Mischung einreiben. 30 Minuten ruhen lassen.

Mehl, Eier und Matzenmehl jeweils in separate Teller geben. Jedes Filet erst im Mehl, dann im Ei und schließlich im Matzenmehl wenden.

3 Esslöffel Öl in einer großen Pfanne erhitzen. Die Schnitzel portionsweise braten, bis sie goldbraun sind; falls nötig, noch etwas Öl zugeben. Auf Küchenpapier abtropfen lassen und warm stellen, bis alle Schnitzel fertig sind. Auf Tellern anrichten und mit Zitronenspalten und Petersilienzweigen garnieren.

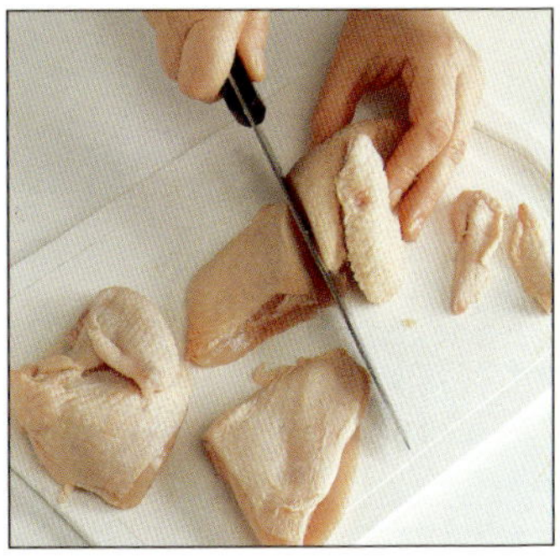

Hühnchen nach Bombay-Art

Für 4 Personen

20 Minuten

1 Stunde 45 Minuten bis 2 Stunden 15 Minuten

- 1 Hähnchen (ca. 1,3 kg), gewaschen und trockengetupft
- 2–3 EL Öl oder Hühnerschmalz
- Salz und Pfeffer
- 1 Zwiebel, halbiert und in dünne Ringe geschnitten
- 2 Knoblauchzehen, zerdrückt
- 2 Lorbeerblätter
- 1 Zimtstange
- 4–6 ganze Nelken
- 4–6 ganze Kardamomkapseln
- 1 EL Garam masala oder Currypulver
- 1 EL frisch geriebene Ingwerwurzel
- 1/4 TL Kurkuma
- 250 ml Hühnerbrühe oder Wasser
- frische Korianderblätter, zum Garnieren
- Basmatireis, zum Servieren

In Bombay lebt eine große Bene-Israel-Gemeinde. Dieser Schmortopf ist ein beliebtes Sabbat-Gericht, das sich leicht im Voraus zubereiten und wieder erwärmen lässt.

Den Backofen auf 120 °C vorheizen. Das Hähnchen von Fett befreien. Mit einem scharfen Messer Beine abschneiden und am Gelenk zwischen Schenkel und Keule trennen. Brust und Flügel abschneiden. Flügelspitzen entfernen und Bruststücke schräg halbieren, sodass an einem Stück der Flügel bleibt. So erhält man 8 Stücke. (Karkasse und Flügelspitzen lassen sich für Suppe oder Brühe verwenden.)

Das Öl in einem Bräter erhitzen. Die Hähnchenstücke mit Salz und Pfeffer bestreuen, 5–7 Minuten im Öl anbraten, dann wenden. Zwiebel und Knoblauch zugeben und zwischen dem Fleisch verteilen. Kräuter und Gewürze darüber streuen.

Die Brühe zugeben und den Bräter leicht rütteln, um anhaftendes Fleisch vom Boden zu lösen. Deckel auflegen und die Hähnchenteile 1 1/2–2 Stunden im Ofen garen. Ab und zu mit Sud begießen; falls dieser zu schnell einkocht, noch etwas Brühe nachfüllen.

Die Hähnchenteile auf einer Servierplatte anrichten und mit der Zwiebel-Knoblauch-Sauce übergießen. Mit frischem Koriander bestreuen und mit Basmatireis servieren.

Grillhähnchen
auf israelische Art

Für 6–8 Personen

15 Minuten, plus 30 Minuten Vorheizen

35 Minuten

2–2,5 kg Hähnchenteile
2–3 EL Olivenöl
Salz und Pfeffer
2 EL gemahlener Kreuzkümmel
1 EL gemahlener Zimt
1 TL Kurkuma
1 TL scharfes oder mildes Chili- oder Paprikapulver
frisch gehackter Koriander oder frisch gehackte Minze

Grillgerichte sind in Israel wie im gesamten Mittelmeerraum sehr beliebt, und so findet man dort unzählige Straßenverkäufer, die Fleisch-, Hühnchen- oder Gemüsespieße, Kebabs, Pasteten mit Würstchen und „Jerusalem Grill"– ein Spieß mit Hühnerinnereien – anbieten.

Die Hähnchenteile in eine große Schüssel legen. Öl darüber träufeln und mit den Fingern ins Fleisch einreiben. Gleichmäßig mit Salz bestreuen.

Pfeffer, Kreuzkümmel, Zimt, Kurkuma und Chilipulver in einer kleinen Schale mischen und das Fleisch damit bestreuen. Ruhen lassen.

Mindestens 30 Minuten vor dem Grillen den Holzkohlengrill anheizen. Den Rost ca. 15 cm über der Kohle einhängen. Sobald die Flammen erloschen sind und die Kohle weiß ist, Schenkel und Keulen auf den Rost legen und 10 Minuten grillen.

Die Bruststücke auf den Rost legen und 8–10 Minuten grillen. Alle Teile wenden und nochmals 8–10 Minuten grillen. Die Bruststücke auf eine Servierplatte legen und warm halten.

Schenkel und Keulen noch 5 Minuten weitergrillen. Sie sind gar, wenn beim Einstechen an der dicksten Stelle klarer Saft austritt.

Statt auf dem Holzkohlengrill kann man die Hähnchenteile auch im Backofengrill auf einem Rost oder in einer Grillpfanne braten.

Die Hähnchenteile auf einer Servierplatte anrichten und mit gehacktem Koriander bestreuen. Kalt oder warm servieren.

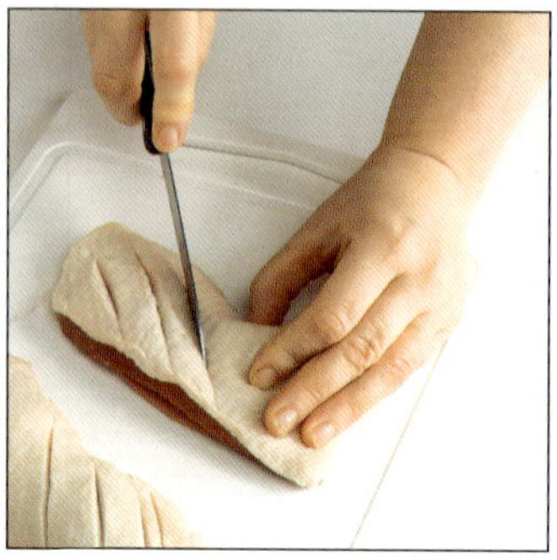

Ente

mit Walnüssen und Granatäpfeln

Für 4 Personen

10 Minuten

25 Minuten

4 Entenbrüste
1 EL Öl
Salz und Pfeffer
1 große Zwiebel, in Ringe geschnitten
3–4 EL Granatapfelsirup
125 ml Wasser
85 g Walnüsse, fein gehackt
2–3 EL Zucker (nach Belieben)
frische Petersilienzweige, zum Garnieren
Reis, zum Servieren

Der Granatapfel ist einer der symbolträchtigsten Früchte der jüdischen Geschichte und wird im Nahen Osten seit Jahrhunderten kultiviert. Besonders beliebt ist er im Iran: Dort wird er zum Kochen verwendet, roh gegessen oder zu Saft und Sirup verarbeitet.

Mit einem scharfen Messer die Fettschicht von den Entenbrüsten entfernen. Das Öl in einer großen, schweren Pfanne erhitzen. Die Entenbrüste mit der Haut nach unten 7 Minuten anbraten, bis die Haut gebräunt und knusprig und das Fett ausgetreten ist. Salzen und Pfeffern. Wenden und weitere 3 Minuten braten, bis das Fleisch leicht gebräunt, aber noch nicht gar ist. Auf eine Platte legen und beiseite stellen. Die Hitze reduzieren.

Das Fett bis auf 1 Esslöffel abgießen und die Zwiebel 7 Minuten darin andünsten. Gelegentlich umrühren.

Granatapfelsirup, Wasser und Walnüsse zugeben und umrühren, dann den Zucker einrühren. Die Entenbrüste wieder in die Pfanne geben und weitere 7 Minuten medium garen, nach Belieben auch länger. Sauce abschmecken. Die Entenbrüste auf 4 Teller verteilen, die Sauce darüber geben, mit Petersilie garnieren und mit Reis servieren.

Tipp

Granatapfelsirup ist in türkischen Lebensmittelgeschäften erhältlich. Man kann für dieses Gericht aber auch 225 ml Granatapfelsaft nehmen, den man um die Hälfte einkochen lässt.

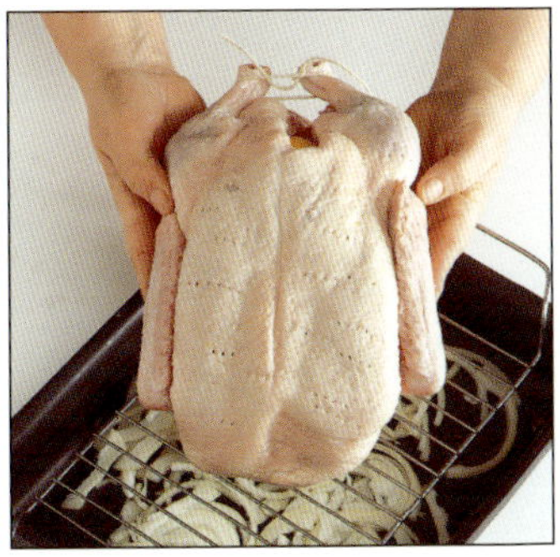

Glasierte Ente

Für 4 Personen

25 Minuten

2 Stunden 5 Minuten

1 Ente (ca. 2,5–2,7 kg), gewaschen und trockengetupft
Salz und Pfeffer
Saft von 2 Orangen (Orangen aufbewahren)
1 Zwiebel, in Ringe geschnitten
1 EL Honig
1 EL Kartoffelstärke
175 ml Hühnerbrühe oder Wasser
1 EL Apfelessig
1 EL Orangenmarmelade (nach Belieben)
Brunnenkresse, zum Garnieren

Sowohl in der aschkenasischen als auch in der sephardischen Küche sind Entengerichte sehr beliebt. Da in Israel Enten und Gänse zum Verzehr und zur Gänseleberherstellung gezüchtet werden, findet man in der jüdischen Küche häufig Gerichte mit Ente – entweder schlicht oder mit Zitrusfrüchteglasur gebraten.

Den Backofen auf 180 °C vorheizen. Das Entenfleisch von Fett befreien. Die Ente innen und außen mit Salz und Pfeffer einreiben, die Haut rundum mit einer Gabel einstechen. Die ausgedrückten Orangenhälften in die Bauchhöhlung der Ente stecken.

Die Zwiebelringe in einen Bräter geben und die Ente auf einen Rost darüber legen. 30 Minuten im Ofen braten, dann mit Bratensaft begießen, Fett abschöpfen und die Haut nochmals einstechen.

Die Hälfte des Orangensafts mit Honig verrühren und über die Ente gießen. Weitere 1½ Stunden braten, bis die Haut knusprig und gebräunt ist, dabei immer wieder mit Bratensaft begießen und Fett abschöpfen. Das Fleisch ist gar, wenn beim Einstechen in den Schenkel klarer Saft austritt. Die Ente mit Alufolie abgedeckt auf eine Platte legen und ruhen lassen.

Das Fett bis auf 1 Esslöffel abgießen. Bräter auf den Herd stellen, Sud erhitzen und die Kartoffelstärke einrühren. Bratensatz vom Boden lösen und aufkochen lassen. Restlichen Orangensaft, Brühe, Essig und nach Belieben Marmelade einrühren. Zum Kochen bringen und kochen, bis die Sauce von sirupartiger Konsistenz ist, dann abschmecken.

Die Sauce in eine Sauciere gießen, eventuell vorher abseihen. Die Ente in vier Teile zerlegen, die Orangenhälften entfernen und die Ententeile mit der Brunnenkresse auf einer Platte anrichten.

Gefüllte Stubenküken
auf marokkanische Art

Für 4–6 Personen

20 Minuten, plus 15 Minuten Ruhezeit

1 Stunde 15 Minuten

- 4–6 große Stubenküken, gewaschen und trockengetupft
- 2 EL Olivenöl
- ½ TL scharfes Paprikapulver
- ½ TL gemahlener Ingwer
- 4 EL Wasser
- frische Minze- oder Petersilienzweige, zum Garnieren

Couscous-Füllung

- 2 EL Olivenöl
- 1 Zwiebel, fein gehackt
- 2 Knoblauchzehen, fein gehackt
- 1 EL frisch geriebene Ingwerwurzel
- 200 g vorgegarter Couscous
- 1 TL gemahlener Kreuzkümmel
- ½ TL gemahlener Zimt
- ½ TL Kurkuma
- ½ TL Cayennepfeffer
- 40 g Rosinen oder Sultaninen
- 50 g getrocknete Aprikosen, gewürfelt
- 250 ml Tomatensaft oder 250 g passierte Tomaten
- 200 ml kochendes Wasser
- Salz und Pfeffer
- 4 EL frisch gehackte Minze oder Petersilie

In der marokkanisch-jüdischen Küche wird für Geflügel oft eine köstliche Füllung mit Couscous und nordafrikanischen Gewürzen zubereitet, die gut zu Stubenküken und Hühnchen, aber auch zu Lamm schmeckt. Bleibt von der Füllung etwas übrig, kann dieser Rest auch separat in einer eingefetteten Form gegart werden.

Den Backofen auf 190 °C vorheizen. Für die Füllung Öl in einer großen Pfanne erhitzen und die Zwiebel darin 2–3 Minuten dünsten. Knoblauch und Ingwer zugeben, 2–3 Minuten mitdünsten.

Erst den Couscous, dann Gewürze, Trockenfrüchte, Tomatensaft und Wasser einrühren und mit Salz und Pfeffer abschmecken. Vom Herd nehmen, Minze einrühren und abgedeckt 5 Minuten ruhen, dann auf Raumtemperatur abkühlen lassen.

Die Stubenküken mit Öl, Paprika, Ingwer, Salz und Pfeffer einreiben und mit der Couscous-Mischung füllen. Die Beine mit Garn zusammenbinden. Die Stubenküken in einem eingefetteten Bräter 1 Stunde im Ofen braten, bis sie knusprig und gebräunt sind und beim Einstechen in den Schenkel klarer Saft austritt. Auf ein Brett legen und mit Alufolie abgedeckt 10 Minuten ruhen lassen.

Bräter auf den Herd stellen, Wasser zugeben, den Bratensatz vom Boden lösen und zum Kochen bringen. Die Stubenküken auf einer Servierplatte anrichten und den Bratensaft darüber löffeln. Mit Minze garnieren.

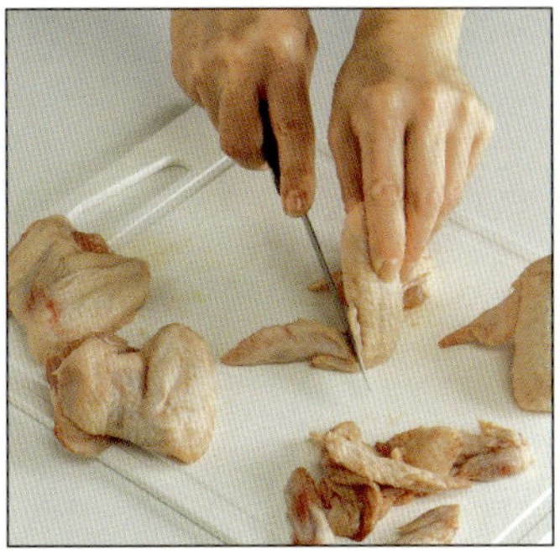  

Frikassee aus Hühnerflügeln

Für 4 Personen

20 Minuten

1 Stunde 10 Minuten

1 kg fleischige Hühnerflügel
150 g Mehl, eventuell etwas mehr
½ TL Salz
Pfeffer
½ scharfes oder mildes Paprikapulver
450 g Hühnermägen (s. Tipp)
2–3 EL Öl oder Schmalz
1 l Hühnerbrühe oder Wasser
450 g Karotten, in Scheiben geschnitten
2 EL frisch gehackte Petersilie
Reis oder Klöße, zum Servieren (nach Belieben)

In der deutsch-jüdischen Küche wurde für die Zubereitung dieses beliebten französischen Hühnerfrikassees Schmalz statt Butter und Wasser oder Hühnerbrühe statt Sahne verwendet, um den Speisegesetzen Rechnung zu tragen.

Die Flügelspitzen entfernen (aus ihnen lässt sich eine Brühe oder Suppe bereiten) und das Fleisch von Fett befreien. Mehl, Salz, Pfeffer und Paprikapulver in eine Plastiktüte geben und schütteln, bis alles gut gemischt ist.

Die Flügel portionsweise in die Tüte geben, zudrehen und schütteln, bis sie gleichmäßig mit der Mischung überzogen sind, dann auf einen Teller legen. Mit den Mägen ebenso verfahren.

Das Öl in einer großen Pfanne erhitzen und erst die Flügel, dann die Mägen portionsweise darin 4–5 Minuten braten, dabei einmal wenden. Das gebratene Fleisch in einen großen Topf legen.

Die restliche Mehl-Gewürz-Mischung in der Pfanne unter Rühren anschwitzen. Nach und nach die Brühe zugießen und unter Rühren zum Kochen bringen, den Bratensatz dabei vom Boden lösen. Schaum von der Oberfläche abschöpfen. Die Sauce entweder direkt oder durch ein Sieb über die Hühnerflügel und -mägen im Topf gießen.

Topf abgedeckt auf den Herd stellen und bei mittlerer Hitze 35 Minuten köcheln lassen, dabei ein- bis zweimal umrühren. Die Karotten zugeben und alles weitere 15 Minuten köcheln lassen. Die Petersilie einrühren und nach Belieben mit Reis oder Klößen sofort servieren.

Tipp

Wer keine Hühnermägen mag, kann stattdessen die gleiche Menge an Flügel verwenden.

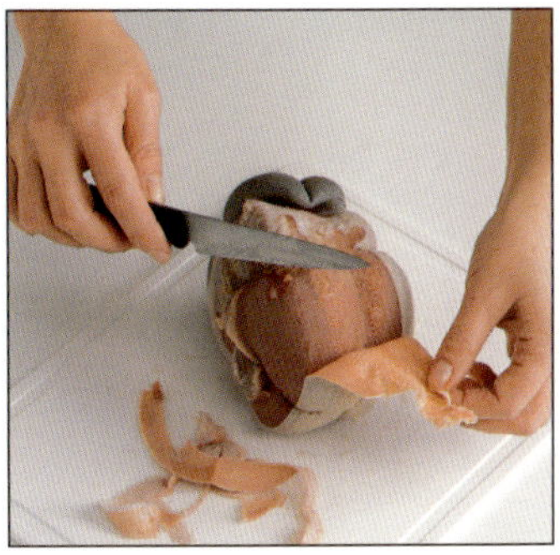

Rinderzunge
in süßsaurer Rosinensauce

Für 6–8 Personen

15 Minuten, plus 8 Stunden 15 Minuten Einweich- & Kühlzeit

3 Stunden 50 Minuten

1,8 kg marinierte Rinderzunge, über Nacht eingeweicht, das Wasser mehrmals wechseln

6–8 ganze Nelken

1 EL schwarze Pfefferkörner

1 Lorbeerblatt

1 Zimtstange

Süßsaure Sauce

1 EL Hühnerschmalz oder Öl

2 Zwiebeln, in dünne Ringe geschnitten

1 EL Mehl oder Kartoffelstärke

3–4 ganze Nelken

½ Zimtstange

125 ml Tomatensauce oder 125 g passierte Tomaten

2–3 EL Rot- oder Weißweinessig

1 EL mittelscharfer Senf

2–3 EL brauner Zucker

50 g Rosinen

Im Alten Testament bereitet Abraham für die Engel ein delikates Gericht – Zunge mit Senf – zu, daher ist Zunge auch heute noch von großem Symbolwert in der jüdischen Kultur. Dieses Gericht wird traditionell zum Erntefest Sukkoth im Oktober zubereitet.

Die Zunge in einen großen Topf legen und mit kaltem Wasser bedecken. Bei starker Hitze zum Kochen bringen und 5 Minuten kochen. Schaum von der Oberfläche abschöpfen. Zunge herausnehmen, Topf leeren und ausspülen, Zunge wieder in den Topf legen und mit kaltem Wasser bedecken. Nelken, Pfefferkörner, Lorbeerblatt und Zimtstange zugeben. Zum Kochen bringen. Hitze reduzieren und 3½ Stunden köcheln lassen. Das Fleisch ist gar, wenn es sich leicht mit einem Messer einstechen lässt. (Die Zunge sollte stets mit Wasser bedeckt sein, falls nötig nachfüllen.) Vom Herd nehmen.

Die Zunge soweit abkühlen lassen, dass man sie weiter verarbeiten kann. Aus dem Sud nehmen und mit einem scharfen Messer die Haut und den Knorpel am Zungenansatz entfernen. 600 ml des Kochsuds aufbewahren.

Für die Sauce Schmalz oder Öl in einem Topf erhitzen. Die Zwiebeln darin 7 Minuten dünsten. Das Mehl darüber stäuben und alles gut verrühren.

Nach und nach den Kochsud (ohne weitere Zugabe von Salz) unterrühren, bis eine glatte, sämige Sauce entsteht. Die restlichen Saucenzutaten zugeben und 10 Minuten köcheln lassen. Nelken und Zimtstange entfernen und abschmecken. Die Zunge in Scheiben schneiden, mit Sauce übergießen und sofort servieren.

Tipp

Frische Zunge muss nicht eingeweicht und kann zusätzlich gesalzen werden.

Mexikanische Tzimmes

Für 8 Personen

25 Minuten

2 Stunden 30 Minuten

- 4–6 EL Hühnerschmalz oder Öl
- 1,5 kg Rinderbrust ohne Knochen, abgewaschen und trockengetupft
- 1–2 EL Mehl
- 2 Zwiebeln, in dünne Ringe geschnitten
- 2 Knoblauchzehen, zerdrückt
- 800 g geschälte Eiertomaten aus der Dose, gewürfelt (Saft aufbewahren)
- 1 große reife Mango, geschält und entsteint, Fleisch püriert
- 1 frische rote Chili, entkernt und gehackt
- 1 TL gemahlener Kreuzkümmel
- 1 Zimtstange
- 2 Lorbeerblätter
- 50 g Honig
- 1 TL Salz
- 4 Karotten, in Scheiben geschnitten
- 2 Süßkartoffeln oder Yam, geschält und in Stücke geschnitten
- 225 g Backpflaumen, entsteint
- 225 g Kidneybohnen aus der Dose, abgetropft und abgespült
- 2–4 EL frisch gehackter Koriander, plus Blätter zum Garnieren

Ein Tzimmes ist ein süßsaurer Fleisch- oder Gemüseeintopf mit Karotten und Früchten. Am bekanntesten ist der Karotten-Tzimmes (s. S. 147). In der jüdischen Küche Mexikos und Südamerikas süßt man die Tzimmes mit einheimischen Früchten und Gemüsesorten wie Mango und Süßkartoffeln.

2–4 Esslöffel Öl oder Schmalz in einen großem Bräter erhitzen, das Fleisch mit Mehl bestäuben und hineinlegen. 10–12 Minuten rundum anbraten. Auf einen Teller legen.

Falls nötig, restliches Fett zugeben und die Zwiebeln 4 Minuten darin andünsten. Erst Knoblauch, dann Tomaten und Tomatensaft einrühren, dabei den Bratensatz vom Boden lösen. Mango, Chili, Kreuzkümmel, Zimtstange, Lorbeerblätter, Honig und Salz zugeben. Unter ständigem Rühren zum Kochen bringen.

Das Fleisch wieder in den Bräter legen und mit Wasser bedecken. Die Hitze reduzieren und abgedeckt weitere 1½ Stunden köcheln lassen. Falls nötig, mehr Wasser zugeben.

Gemüse, Backpflaumen und Bohnen zugeben und alles weitere 30 Minuten köcheln lassen, bis das Fleisch gar ist. Mit einer Gabel die Garprobe machen: Lässt sich das Fleisch leicht einstechen, ist es gar. Das Fleisch auf eine Servierplatte legen und mit Alufolie abdecken.

Die Sauce 5–6 Minuten köcheln lassen, bis sie leicht eindickt, dann den Koriander einrühren. Das Fleisch in dünne Scheiben schneiden, Gemüse, Pflaumen und Sauce darüber geben und servieren. Mit Korianderblättern garnieren.

Süßsaure Kohlrouladen

Für 6–8 Personen

30 Minuten, plus 52 Stunden Gefrier- & Auftauzeit

1 Stunde 45–55 Minuten

- 1 großer Kohl, z. B. Wirsingkohl (s. Tipp)
- 1 EL Öl
- 1 Zwiebel, fein gehackt
- 2 Knoblauchzehen, fein gehackt
- 1 kg Rinderhack (nicht mager)
- 1 TL Salz
- Pfeffer
- 50 ml Tomatenketchup
- 2 Eier, verquirlt
- 2–3 EL frisch gehackter Dill
- 90 g Langkornreis
- frische Dillzweige, zum Garnieren

Süßsaure Sauce

- 800 g geschälte Eiertomaten aus der Dose, gewürfelt (Saft aufbewahren)
- 450 g passierte Tomaten
- 125 ml Tomatenketchup
- Salz und Pfeffer
- 2 Zwiebeln, in dünne Ringe geschnitten
- abgeriebene Schale und Saft von 1 Zitrone
- 4–5 EL brauner Zucker
- 100 g Rosinen oder Sultaninen

Die jüdische Küche Osteuropas kennt zahlreiche Kohlrouladen-Varianten. Diese russisch-polnische Version wird meist mit Reis serviert, schmeckt aber auch gut mit Kartoffelpüree.

Tipp

Den Kohl zwei Tage vor der Zubereitung einfrieren und über Nacht wieder auftauen lassen – dadurch werden die Blätter weicher und sind leichter zu trennen.

Den Backofen auf 160 °C vorheizen. Beim Kohl den Strunk entfernen, die Blätter ablösen und dicke Blattrippen ausschneiden.

Das Öl in einer Pfanne erhitzen und die Zwiebel darin 3–5 Minuten glasig dünsten. Den Knoblauch zugeben, vom Herd nehmen und abkühlen lassen.

In einer großen Schüssel Hackfleisch, Salz, Pfeffer, Ketchup, Eier, Dill, Reis und die Zwiebel-Knoblauch-Mischung vermengen und gut verkneten. Ein Kohlblatt auf der Arbeitsfläche ausbreiten und 1–2 Esslöffel (je nach Größe des Blattes) Fleischmasse in die Mitte geben. Beide Blattränder einklappen, dann das Blatt aufrollen. Die anderen Blätter ebenso zu Rouladen verarbeiten und diese mit der Nahtstelle nach unten auf ein Backblech legen.

Die Saucenzutaten in einem Bräter verrühren und bei mittlerer Hitze zum Kochen bringen. Unter Rühren 10–15 Minuten köcheln lassen. Vom Herd nehmen, Kohlrouladen hineinlegen und die Sauce darüber löffeln. Falls nötig, noch etwas Wasser zugeben, bis die Rouladen ganz bedeckt sind. Deckel schließen und 1½ Stunden im Ofen garen. Dabei gelegentlich mit Sauce übergießen. Auf einer Platte mit Dill garniert servieren.

Gefüllte Lammschulter

Für 6 Personen

25 Minuten

1 Stunde 30 Minuten

1 Lammschulter (ca. 2,5 kg), ohne Knochen und Fett
2 EL Olivenöl
2 EL Honig
1 EL Kartoffelstärke, mit 4 EL Wasser verrührt
250 ml Rinder- oder Hühnerbrühe
1 EL Apfel- oder Rotweinessig
Brunnenkresse, zum Garnieren (nach Belieben)

Füllung

1 EL Olivenöl
1 Zwiebel, fein gehackt
2 Knoblauchzehen, fein gehackt
250 g mageres Lammhack
100 g Langkornreis
125 ml Wasser
Salz und Pfeffer
1 TL gemahlener Kreuzkümmel
1 EL frisch gehackter Koriander
50 g gehackte Mandeln
100 g Rosinen
100 g getrocknete Aprikosen, klein gewürfelt
1 Ei, verquirlt

In der sephardischen Küche sind wie im ganzen Mittelmeerraum Lammgerichte sehr beliebt. Die Lämmer schmecken im Frühjahr am besten. Daher wird auch an Pessach Lamm zubereitet. Da das hintere Viertel von Rind und Lamm nicht koscher ist, wird gewöhnlich Fleisch von der Schulter bevorzugt.

Den Backofen auf 180 °C vorheizen. Für die Füllung Öl in einer großen Pfanne erhitzen und die Zwiebel darin 3–5 Minuten glasig dünsten. Knoblauch und Lammhack zugeben und unter Rühren 4–5 Minuten mitdünsten. Den Reis zugeben und unter Rühren 4–5 Minuten glasig dünsten.

Wasser, Salz, Pfeffer und Kreuzkümmel einrühren. Abgedeckt bei mittlerer Hitze 12–15 Minuten köcheln lassen, bis die Flüssigkeit verdampft und der Reis gar ist. Vom Herd nehmen. Die restlichen Zutaten für die Füllung zugeben.

In die Lammschulter eine Tasche schneiden und das Fleisch mit der Hautseite nach unten auf die Arbeitsfläche legen. Die Füllung darauf verteilen, dann das Fleisch aufrollen und mit Küchengarn zusammenbinden. Mit Öl einpinseln, auf einen Rost in einen Bräter legen und im Ofen 50 Minuten braten, bis das Fleisch medium ist. 15 Minuten vor Garende mit Honig bestreichen. Auf einer Platte mit Alufolie abgedeckt 15 Minuten ruhen lassen.

Das Fett bis auf 2 Esslöffel abgießen. Den Bräter auf den Herd stellen und Kartoffelstärke, Brühe und Essig einrühren. Unter Rühren zum Kochen bringen und 8 Minuten köcheln lassen, bis die Sauce eindickt. Zusammen mit dem Lamm servieren. Nach Belieben mit Brunnenkresse garnieren.

Schmorfleisch

mit Zwiebelsauce

Für 8–10 Personen

20 Minuten

3 Stunden 45 Minuten

- 3–4 EL Öl
- 2,5–3 kg Rinderbrust ohne Knochen und Fett
- 6 Zwiebeln, in dicke Ringe geschnitten
- 6 Knoblauchzehen, fein gehackt
- 225 ml Tomatensaft oder 250 g passierte Tomaten
- ½ TL getrockneter Thymian
- ½ TL Paprikapulver
- 1 Lorbeerblatt
- Salz und Pfeffer
- 6 Karotten, in dicke Scheiben geschnitten
- frische Petersilienzweige, zum Garnieren

Dieses typische russisch-jüdische Gericht ist am Freitagabend eine gute Alternative zu Hühnchen. Da von jüdischen Männern erwartet wurde, dass sie zumindest Freitagnacht ihren ehelichen Pflichten nachkamen, gaben Rabbis den Rat, viel Knoblauch zu verwenden. Dieser galt als Aphrodisiakum.

Den Backofen auf 160 °C vorheizen. 2 Esslöffel Öl in einem großen Bräter erhitzen. Das Fleisch darin 10–12 Minuten rundum anbraten, herausnehmen und auf einen Teller legen.

Das restliche Öl in den Bräter geben und die Zwiebeln darin unter Rühren 5–7 Minuten glasig dünsten. Den Knoblauch zugeben, nach 30 Sekunden den Tomatensaft zugießen und unter Rühren den Bratensatz vom Boden lösen. Thymian, Paprikapulver und Lorbeerblatt zugeben und mit Salz und Pfeffer abschmecken.

Das Fleisch zu der Zwiebelmischung in den Bräter legen und mit Wasser bedecken. Zum Kochen bringen und Schaum von der Oberfläche abschöpfen.

Auf der mittleren Schiene des Ofens abgedeckt 3¼ Stunden schmoren. Das Fleisch ist gar, wenn es sich mit einer Gabel leicht einstechen lässt. Ab und zu mit der Sauce begießen, falls nötig, etwas Wasser zugießen. 30 Minuten vor Garende die Karotten zugeben.

Bräter aus dem Ofen nehmen, das Fleisch vorsichtig auf ein Brett legen und mit Alufolie abdecken. Die Sauce zum Kochen bringen und leicht einkochen. Das Fleisch in Scheiben schneiden, auf eine Servierplatte geben, die Karotten um das Fleisch legen und alles mit Sauce begießen. Mit Petersilie garnieren. Die restliche Sauce separat dazu reichen.

Tipp

Dieses Gericht schmeckt am besten am Vortag zubereitet und wieder aufgewärmt.

Tscholent

Für 8–10 Personen

20 Minuten, plus 8 Stunden Einweichzeit

11–13 Stunden 15 Minuten

- 2 EL Öl
- 1,3 kg Rinderbrust oder Flanken (s. Erläuterung S. 15), ohne Knochen, oder von beidem, gewürfelt
- 4 Zwiebeln, halbiert und in Ringe geschnitten
- 4–6 Knoblauchzehen, gehackt
- 450 g getrocknete weiße Bohnen, z. B. weiße Bohnen, mindestens 8 Stunden eingeweicht
- 100 g Perlgraupen
- 10 große Kartoffeln, geschält und geviertelt
- 1–2 TL getrockneter Thymian
- 1 TL Paprikapulver
- 2 TL Salz
- Pfeffer
- 2 Lorbeerblätter
- 2 EL Zucker
- 6 EL Wasser
- 450 g Würstchen (nach Belieben)

Tscholent ist ein traditioneller Schmortopf, der Freitagnacht zubereitet und Samstag nach dem Gottesdienst in der Synagoge zum Mittagessen serviert wird. Den Tscholent gab es vermutlich bereits zu biblischen Zeiten, und jede jüdische Gemeinden hat ihr eigenes Rezept mit unterschiedlichen Zutaten und Gewürzen.

Das Öl in einem Bräter erhitzen und das Fleisch darin, eventuell portionsweise, 8 Minuten rundum anbraten. Auf einen Teller legen.

Die Zwiebeln im Bräter 10 Minuten unter häufigem Rühren glasig dünsten. Den Knoblauch zugeben und 30 Sekunden mitdünsten. Die Zwiebeln gleichmäßig auf dem Boden des Bräters verteilen.

Die Bohnen abtropfen lassen und auf den Zwiebeln verteilen. Fleisch, Perlgraupen und Kartoffeln lagenweise darauf schichten und jede Schicht mit Thymian, Paprikapulver, Salz und Pfeffer würzen. Die Lorbeerblätter hineinstecken. Vom Herd nehmen.

Den Zucker in einen kleinen Topf geben und mit 2 Esslöffeln Wasser verrühren. Bei starker Hitze 2 Minuten ohne Rühren aufkochen, bis der Zucker karamellisiert. Den Topf vom Herd nehmen und möglichst weit vom Körper weghalten, dann vorsichtig das restliche Wasser zugeben. Wieder auf den Herd stellen, umrühren, damit sich der Karamell auflöst, und dann in den Bräter gießen.

Wasser zugeben, bis alle Zutaten bedeckt sind, und bei großer Hitze zum Kochen bringen. Schaum von der Oberfläche abschöpfen. Hitze reduzieren und 30 Minuten köcheln lassen; öfters Schaum abschöpfen und falls nötig, Wasser nachgießen. Den Backofen auf 110 °C vorheizen. Nach Belieben Würstchen zugeben und im abgedeckten Bräter 10–12 Stunden oder über Nacht im Ofen schmoren. Im Bräter servieren.

Schaschlik-Spieße

Für 6 Personen

30 Minuten, plus 6 Stunden Kühlzeit

15 Minuten

2 kg Lammschulter ohne Fett und Knochen, in 5 cm große Würfel geschnitten

4–6 kleine Zwiebeln, in Achtel geteilt, mit Wurzelenden

450 g Kirschtomaten

1 große rote oder gelbe Paprika, entkernt und in 3 cm große Stücke geschnitten

frische Rosmarin- oder Minzezweige, zum Garnieren

Joghurt-Gurken-Salat (s. Tipp) oder Israelischer Salat (s. S. 47), zum Servieren

Marinade

175 ml Olivenöl

abgeriebene Schale und Saft von 1 großen oder 2 kleinen Zitronen

2 EL frisch gehackter Rosmarin oder frisch gehackte Minze

4–6 Frühlingszwiebeln, in feinen Ringen

4–6 Knoblauchzehen, fein gehackt

1 TL Salz

Pfeffer

1 kleine, frische rote Chili, entkernt und fein gehackt (nach Belieben)

In Russland, auf dem Balkan und im Orient ist das Garen von Fleischspießen über einem Holz- oder Kohlefeuer seit jeher sehr beliebt. Heute findet man auch von Israel bis New York Straßenstände, an denen brutzelnde Spießchen aller Art feilgeboten werden.

Tipp

Als Beilage Joghurt-Gurken-Salat reichen: 250 g Naturjoghurt mit 1 geschälten, entkernten und gewürfelten Salatgurke, 2 zerdrückten Knoblauchzehen und einer Hand voll frisch gehackter Minze verrühren. Mit Salz und Pfeffer abschmecken.

Die Zutaten für die Marinade in einer großen Schüssel gut verrühren. Die Lammfleischwürfel zugeben und in der Marinade wenden. Zudecken und mindestens 6 Stunden oder über Nacht kalt stellen, gelegentlich umrühren.

Mindestens 30 Minuten vor der Zubereitung einen Holzkohlengrill anheizen und den Rost ca. 15 cm über die Kohle einhängen. Die Fleischwürfel aus der Marinade nehmen (die Marinade nicht wegschütten) und auf flache Metallspieße stecken, dabei etwas Abstand zwischen den Würfeln lassen, damit das Fleisch gleichmäßig gart. Zwiebeln, Tomaten und Paprika auf separate Spieße stecken.

Sobald die Kohle glüht, die Lammspieße auf die Mitte des Rostes legen und 15 Minuten grillen. Gelegentlich wenden und mit Marinade bestreichen. Nach etwa der Hälfte der Garzeit des Fleisches die Gemüsespieße dazulegen und ebenfalls gelegentlich mit Marinade bestreichen.

Die Spieße auf eine Servierplatte oder einen Teller legen und mit Kräutern garnieren. Mit Joghurt-Gurken-Salat oder Israelischem Salat servieren.

Hackbraten

Für 6 Personen

20 Minuten, plus 30–35 Minuten Kühl- & Ruhezeit

1 Stunde 15 Minuten bis 1 Stunde 30 Minuten

- 1 EL Öl
- 1 Zwiebel, fein gehackt
- 2 Knoblauchzehen, fein gehackt
- 675 g Hackfleisch (nicht mager)
- 1 Karotte, gerieben
- 70 g frische Semmelbrösel
- 2 Eier, verquirlt
- 1 EL Worcester- oder Sojasauce
- 150 ml Tomatenketchup, plus 2 EL zum Bestreichen
- ½ TL getrockneter Thymian oder Oregano
- 2–3 EL frisch gehackte Petersilie
- 1½ TL Salz
- Pfeffer

Garnierung

- Tomatenscheiben
- Petersilienzweige

Hackbraten oder Klops ist ein altes jüdisches Gericht, das Freitagabend oft anstelle von Hühnchen serviert wird. Der Braten erfreut sich besonders bei New Yorkern russisch-jüdischer Abstammung großer Beliebtheit. Man verwendet dazu nie mageres Hackfleisch, da der Braten sonst zu trocken wird.

Das Öl in einer mittelgroßen Pfanne erhitzen. Die Zwiebel darin unter Rühren 7 Minuten goldbraun anbraten. Den Knoblauch zugeben und 1 Minute mitbraten. Pfanne vom Herd nehmen und abkühlen lassen.

Den Backofen auf 180 °C vorheizen. Eine Auflaufform von 25 cm x 15 cm x 7 cm Größe einfetten. Das Hackfleisch in eine große Schüssel geben, Zwiebelmischung, Karotte und Semmelbrösel zugeben und vermengen. Dann Eier, Worcestersauce, Ketchup und Kräuter unterrühren und mit Salz und Pfeffer abschmecken. Mit den Händen oder einer Gabel alle Zutaten gut vermengen, aber nicht zu lange kneten, da die Masse sonst zu fest und trocken wird.

Die Masse in die Auflaufform geben, gleichmäßig verteilen und die Oberfläche glatt streichen. Den Hackbraten 1¼ Stunden im Ofen garen, bis sich der Braten von den Rändern der Form löst. Ab und zu mit dem austretenden Bratensaft bestreichen und ca. 10 Minuten vor Ende der Garzeit 2 Esslöffel Ketchup gleichmäßig auf der Oberfläche verteilen.

Aus dem Ofen nehmen, mit Alufolie abdecken und auf einer hitzebeständigen Oberfläche 10–15 Minuten ruhen lassen. Überschüssiges Fett abgießen. Direkt in der Form servieren oder auf einer Servierplatte anrichten, in dicke Scheiben schneiden, garnieren und dann servieren.

Variation

Man kann das Ketchup auch durch passierte Tomaten und die Semmelbrösel durch Hafergrütze ersetzen.

Lachs aus dem Ofen mit Avocado-Dill-Mayonnaise

Für 10–12 Personen

30 Minuten, plus 30–45 Minuten Ruhezeit

30 Minuten

- 2–3 EL Öl
- 1 frischer Lachs am Stück (ca. 2,3–2,7 kg), mit intaktem Kopf und Schwanz, ausgenommen, geschuppt, gewaschen und trockengetupft
- Salz und Pfeffer
- 1 Zitrone, geviertelt
- 2–3 Frühlingszwiebeln
- je 1 Bund frische Petersilie und Dill

Mayonnaise

- 1 große Avocado, entkernt, geschält und in Stücke geschnitten
- 225 ml Mayonnaise
- 2–3 EL frisch gehackter Dill
- Saft von 1 Zitrone
- ¼ TL Cayennepfeffer

Fisch ist seit alters her ein wichtiger Bestandteil der jüdischen Küche. Auf dem Markt in Jerusalem wurde einst so viel Fisch aus dem See Genezareth verkauft, dass man das nahe gelegene Stadttor „Fischtor" taufte. Seit Lachse in Farmen gezüchtet werden, hat der Lachs den Karpfen als typischen Fisch der jüdischen Küche ersetzt.

Den Backofen auf 200 °C vorheizen. Mit der Hälfte des Öls ein großes und sehr breites Stück Alufolie einpinseln, den Fisch in die Mitte legen und die Innenseite gut salzen und pfeffern. Die Zitronenviertel gleichmäßig über der Außen- und Innenseite des Fisches auspressen. Den Fisch mit Frühlingszwiebeln und Kräutern füllen und außen mit dem restlichen Öl einpinseln. Dann die Folie über dem Fisch zusammenfalten.

Den Fisch auf ein großes Backblech legen und 30 Minuten garen. Ofen ausschalten und den Fisch 15 Minuten ruhen lassen. Aus dem Ofen nehmen, weitere 15 Minuten abkühlen lassen, dann die Folie öffnen. Der Fisch ist gar, wenn man ihn leicht mit einer Gabel zerteilen kann. Ist er noch nicht gar, Folie wieder verschließen und weitere 15 Minuten im Backofen garen.

Dann auf ein Brett legen, die Folie öffnen und Saft abgießen. Mit einem scharfen Messer vorsichtig die Haut abziehen, die Gräten auslösen und das „braune" Fleisch in der Mitte entfernen. Den Fisch umdrehen und auf der andere Seite häuten. Auf eine Servierplatte legen und mit Frischhaltefolie abdecken.

Für die Mayonnaise Avocado und Mayonnaise in einen Mixer geben und glatt rühren. Dill, Zitronensaft und eine Prise Cayennepfeffer zugeben, mit Salz und Pfeffer abschmecken. In eine Schüssel füllen und mit Cayennepfeffer bestäuben. Zusammen mit dem Lachs servieren.

Tipp

Die Haut des Lachses lässt sich besonders gut ablösen, solange der Fisch noch warm ist.

Kalter frittierter Fisch

Für 6 Personen

25 Minuten, plus 1 Stunde 15 Minuten Ruhe- & Kühlzeit

25 Minuten

1,3 kg Fischfilets oder -steaks von Schellfisch, Kabeljau, Scholle oder Heilbutt, oder von allen Sorten gemischt, gewaschen und trockengetupft

Salz und Pfeffer

150 g Mehl

2–3 Eier, verquirlt

175 g Matzenmehl

Öl, zum Frittieren

Garnierung

Zitronenspalten

frische Petersilienzweige

In den 1860er-Jahren taten sich jüdische Fischhändler auf dem Fischmarkt im Londoner East End mit irischen Kartoffelhändlern zusammen, und schon waren die berühmten Fish and Chips geboren. Während diese zum britischen Nationalgericht avancierten, bevorzugte die jüdische Küche weiterhin den frittierten Fisch kalt.

Den Fisch auf eine große Platte legen, salzen und abgedeckt oder im Kühlschrank 30–45 Minuten ziehen lassen. Ausgetretenes Wasser abgießen und die Filets trockentupfen.

Mehl, Eier und Matzenmehl jeweils auf einen Teller geben und salzen sowie pfeffern. Die Fischfilets zuerst in Mehl wenden (überschüssiges Mehl abklopfen), dann mit der Eimischung und anschließend mit dem Matzenmehl panieren.

Eine Fritteuse, einen Wok oder einen großen Topf ca. 7 cm hoch mit Öl füllen und auf 180–190 °C erhitzen (ein Brotwürfel sollte darin innerhalb von 30 Sekunden bräunen). Die Filets portionsweise (3–4 Filets gleichzeitig) ca. 5–7 Minuten, je nach Dicke der Filets, knusprig goldbraun frittieren. Auf Küchenpapier abtropfen lassen. Falls nötig, etwas Öl nachgießen.

Die Fischfilets auf eine große Platte legen, mit Folie abdecken und kalt stellen (nicht in den Kühlschrank, da die Panade sonst nicht knusprig wird). Mit Zitronenspalten und Petersilie garniert servieren.

Tipp

Für eine besonders knusprige Panade empfiehlt sich eine Mischung aus unterschiedlich grob gemahlenem Matzenmehl.

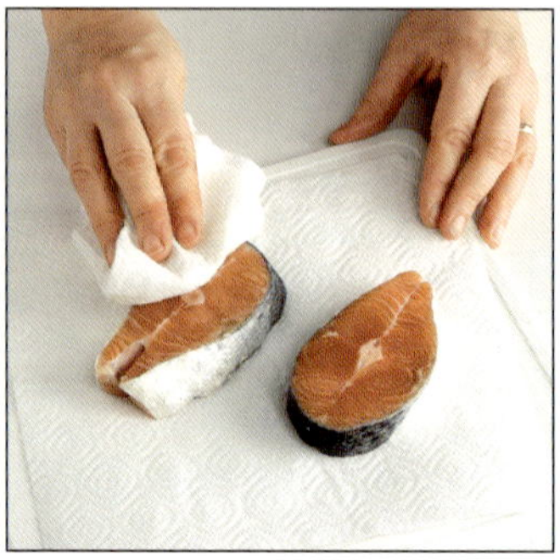  

Kalter Lachs süßsaurer

Für 4 Personen

15 Minuten

40 Minuten

- 4 Lachssteaks oder -filets, 2,5 cm dick und à 200–250 g
- Salz und Pfeffer
- 1 Zwiebel, in dünne Ringe geschnitten
- 2 Karotten, in dünne Scheiben geschnitten
- 2 Lorbeerblätter
- 1 Zimtstange
- 2 ganze Nelken
- 1 EL schwarze Pfefferkörner
- 425 ml Wasser
- 125 ml Weißwein
- 2 EL Öl
- 2 EL Weißweinessig
- 1–2 EL Zucker (nach Belieben)
- 3 EL Rosinen oder Sultaninen
- 1 kleine, frische rote Chili, in dünne Ringe geschnitten
- 2 EL frisch gehackte Kräuter, z. B. Dill, Petersilie oder Koriander, plus einige Zweige zum Garnieren

Süßsaurer Fisch ist in der jüdischen Küche in Osteuropa sehr beliebt. Ursprünglich wurde für dieses Gericht, das über das Elsass in die französische Küche gelangte, Karpfen verwendet. Daher wird die klassische Zubereitung auch als Carpe à la Juive – *Karpfen auf jüdische Art – bezeichnet.*

Den Lachs unter fließend kaltem Wasser waschen und mit Küchenpapier gut trockentupfen, dann salzen und pfeffern und beiseite stellen.

Zwiebel, Karotten, Lorbeerblätter, Zimtstange, Nelken, Pfefferkörner und Wasser in einer großen Pfanne bei starker Hitze zum Kochen bringen, Schaum von der Oberfläche abschöpfen. Die Hitze reduzieren und 15 Minuten köcheln lassen. Wein und Öl einrühren.

Die Lachsfilets zugeben, Topf halb abdecken, und 10 Minuten köcheln lassen, bis der Fisch gar ist. Die Garzeit variiert je nach Dicke der Filets. Mit einem Schaumlöffel oder einem Pfannenwender den Fisch herausnehmen und auf einen flachen Teller legen.

Den Kochsud erhitzen und 5 Minuten kochen, bis er etwas reduziert ist. Durch ein Sieb in einen Topf gießen, um Gemüse, Gewürze und Kräuter zu entfernen. Einige Karottenscheiben zum Garnieren aufheben.

Essig, Zucker, Rosinen und Chili in den Sud geben und 1–2 Minuten köcheln lassen. Abschmecken und die Kräuter einrühren. Vom Herd nehmen und etwas abkühlen lassen, dann vorsichtig über den Fisch gießen. Kalt mit etwas Sauce servieren. Mit Kräutern und Karottenscheiben garnieren.

Heilbutt in Zitronensauce

Für 4 Personen

20 Minuten

40 Minuten

1 Zwiebel, in Ringe geschnitten
1 Karotte, in Scheiben geschnitten
1 Selleriestange, in Ringe geschnitten
1 Lorbeerblatt
2–3 frische Thymianzweige
1 TL Salz
1 EL schwarze Pfefferkörner
2–3 EL Zucker (nach Belieben)
300 ml Wasser
4 Heilbuttsteaks oder -filets, à 200–250 g, gewaschen und trockengetupft
1 TL Speisestärke, mit 2 TL Wasser verrührt
Saft von 2 Zitronen
3 Eigelb
frische Dillzweige und Zitronenspalten, zum Garnieren

Dieser Klassiker der englisch-jüdischen Küche hat sephardische Wurzeln: Er geht auf ein bei griechischen und türkischen Juden beliebtes Gericht – kalten Fisch mit Zitronensauce – zurück. Sephardische Juden, die über Portugal ins Londoner East End gelangten, hatten großen Einfluss auf die englisch-jüdische Fischküche.

Zwiebel, Karotte, Sellerie, Kräuter, Salz, Pfefferkörner, Zucker (falls verwendet) und Wasser in einer großen Pfanne bei starker Hitze zum Kochen bringen. Schaum von der Oberfläche abschöpfen. Die Hitze reduzieren und 15 Minuten köcheln lassen, dann Gemüse und Kräuter entfernen.

Die Heilbuttsteaks hineinlegen und ca. 8 Minuten, je nach Dicke der Steaks, garen, dabei häufig mit Sud übergießen. Mit einer Gabel vorsichtig ein Stück vom Fisch abtrennen, um zu prüfen, ob er bereits gar ist. Mit einem Schaumlöffel oder Pfannenwender herausnehmen, auf einen flachen Teller legen und zum Warmhalten mit Alufolie abdecken.

Den Kochsud aufkochen und um ca. ein Viertel einkochen. Die mit Wasser verrührte Stärke in den kochenden Sud einrühren, dann die Hitze stark reduzieren.

Den Zitronensaft in einer kleinen Schüssel gut mit dem Eigelb verquirlen. Dann eine Kelle Kochsud langsam unter die Eier rühren, damit die Eier nicht stocken.

Die Eimischung langsam in die Pfanne gießen und 2–3 Minuten köcheln lassen, bis die Sauce eindickt und sämig ist; nicht mehr kochen. Die Sauce in eine Sauciere gießen. Den Fisch auf einer Platte anrichten und mit einem Löffel etwas Sauce darüber geben. Mit Dill und Zitronenspalten garnieren. Die restliche Sauce separat dazu reichen.

Gegrillter Heilbutt auf marokkanische Art

Für 4 Personen

15 Minuten, plus 2–3 Stunden Kühlzeit

5 Minuten

4 Heilbuttfilets

Öl, zum Einfetten

frische Minzeblätter, zum Garnieren

Tomaten-Zwiebel-Salat mit frischer Minze, zum Servieren

Chermoula

4 EL natives Olivenöl extra

Saft von 1 Zitrone

2–3 Knoblauchzehen, fein gehackt

2 TL gemahlener Kreuzkümmel

2 TL Paprikapulver

½ TL Cayennepfeffer (nach Belieben)

Salz

2–3 EL frisch gehackter Koriander oder frisch gehackte Minze

In der nordafrikanisch-jüdischen Küche wird der Fisch vor dem Grillen gern mariniert. Chermoula ist eine klassische Marinade aus Knoblauch, Olivenöl, Kreuzkümmel und Cayennepfeffer.

Tipp

Der Fisch kann auch im Backofengrill gegart werden. Grill vorheizen. Fischfilets auf ein mit Backpapier ausgelegtes Backblech legen. Auf der zweitobersten Schiene 2–3 Minuten grillen, bis die Haut braun und knusprig ist. Wenden und mit der restlichen Marinade bestreichen. Weitere 1–2 Minuten grillen.

Die Zutaten für die Marinade in einer Auflaufform verrühren. Die Form sollte so groß sein, dass alle Filets nebeneinander hineinpassen.

Mit einem scharfen Messer die Haut der Fischfilets 3–4-mal einschneiden. Dann die Filets in der Marinade wenden und die Marinade in die Einschnitte reiben. Abgedeckt 2–3 Stunden kalt stellen. Die Filets ab und zu wenden.

Mindestens 30 Minuten vor der Zubereitung den Grill anheizen. Sobald die Kohle glüht, den Rost großzügig mit Öl bestreichen und die Filets mit der Hautseite nach unten in die Mitte legen.

2–3 Minuten grillen, bis die Filets goldbraun und knusprig sind. Mit einem dünnen Spachtel die Haut vorsichtig vom Gitter lösen und die Filets umdrehen. Mit der restlichen Marinade bestreichen und weitere 1–2 Minuten, je nach Dicke der Filets, grillen.

Auf einer Platte anrichten, mit Minzeblättern garnieren und mit einem Tomaten-Zwiebel-Salat servieren.

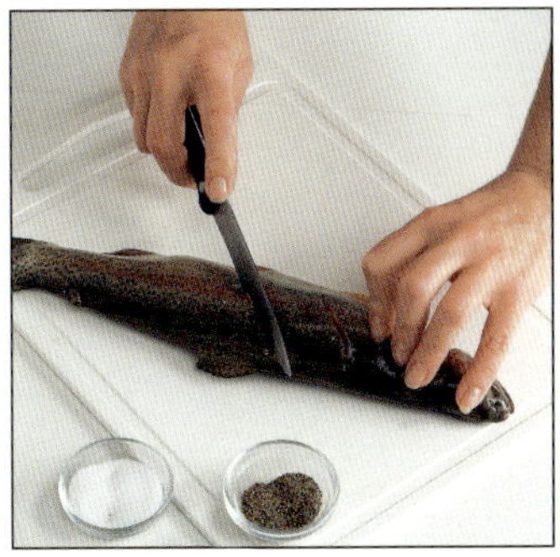

Gefüllte Forelle
aus dem Ofen mit Granatäpfeln

Für 4 Personen

30 Minuten

25 Minuten

4 ganze Forellen, à 300–350 g, ausgenommen, geschuppt, gewaschen und trockengetupft

Öl, zum Einfetten

2 EL Butter oder Margarine, zerlassen

Füllung

3 EL natives Olivenöl extra

1 Zwiebel, fein gehackt

2 Knoblauchzehen, fein gehackt

40 g geschälte Pistazienkerne

4 EL frisch gehackte Petersilie oder frisch gehackter Koriander

¼–½ TL gemahlener Kardamom

2–3 EL Granatapfelsirup oder 4 EL Granatapfelsaft oder Zitronensaft

Salz und Pfeffer

1 reifer Granatapfel

Seit in der Galiläa-Region in Israel Forellenzucht betrieben wird, ist dieser europäische Fisch dort sehr beliebt. Junge israelische Köche experimentieren mit einheimischen und neuen Zutaten und verbinden so die traditionelle und moderne jüdische Küche.

Den Backofen auf 200 °C vorheizen. Für die Füllung 1 Esslöffel Öl in einer Pfanne erhitzen und die Zwiebel darin 3–5 Minuten glasig dünsten. Den Knoblauch zugeben und 1 Minute mitdünsten.

Pistanzienkerne, Petersilie, Kardamom, Granatapfelsirup und restliches Öl einrühren, mit Salz und Pfeffer abschmecken.

Mit einem scharfen Messer den Granatapfel oben abschneiden, in 6 Spalten teilen und diese auseinander ziehen. Kerne und Saft in eine kleine Schüssel löffeln. Drei Viertel der Kerne zur Füllung geben und verrühren.

Eine große, flache Auflaufform mit Öl einpinseln. Die Fische innen und außen salzen und auf jeder Seite 2–3-mal diagonal einschneiden. In jeden Fisch ein Viertel der Füllung geben, dann alle Fische in die Form legen.

Mit zerlassener Butter beträufeln. 15 Minuten garen, bis der Fisch fast auseinander fällt, wenn er angestochen wird. Die Fische auf einer Platte anrichten und restliche Granatapfelkerne sowie -saft darüber geben.

Leichte Gerichte & Beilagen

Eine Besonderheit der jüdischen Küche ist die Trennung von Fleisch und Milchprodukten. Viele leichte Gerichte werden mit Gemüse, Nudeln und Getreideprodukten zubereitet, denn diese sind *parve*, neutral.

Eier sind ein Symbol für den Wandel von Leben, ein Symbol für Leben und Tod, deshalb werden sie nicht nur für Alltagsgerichte verwendet, sondern auch für Gerichte zu speziellen Anlässen wie Geburtstagen, Beerdigungen und am Pessach-Seder.

Rührei mit Räucherlachs (s. S. 114) und Matzenfladen (s. S. 113) sind als Mittag- wie Abendessen beliebt, ebenso Kugels und Blintzen, eine Spezialität der „Dairy delis" (Feinkostgeschäfte) der Lower East Side in New York.

Aus Gemüse und Getreide wie Kohl, Kartoffeln, Gerste und Maisgrieß werden köstliche Beilagen oder leichte Gerichte wie Süßsaurer Rotkohl (s. S. 125) und Latkes (s. S. 117) gezaubert.

Viele traditionelle Beilagen wie Eingelegte Gurken, Chrein (Meerrettichsauce) und Zhoug sind weit verbreitet und beschwören bei vielen Juden sofort Bilder von Familienmahlzeiten und alte Erinnerungen herauf.

Französischer Toast mit Vanille-Challah

Für 6 Personen

15 Minuten, plus 7 Minuten Ruhezeit

20 Minuten

- 4 Eier
- ½ TL Salz
- 1–2 EL Zucker (nach Belieben)
- abgeriebene Schale und Saft von 1 Orange
- 10 Tropfen Vanillearoma
- 175 ml Milch
- 12 Scheiben Challah (s. S. 222), jeweils 2 cm dick
- Butter oder Margarine, zum Braten
- Puderzucker, zum Bestäuben
- Marmelade, Ahornsirup oder Honig, zum Servieren

Challah, ein Hefezopf, ist ideal für französischen Toast. Dazu lassen sich sehr gut Challah-Reste vom Sabbat-Essen verarbeiten. Durch das Einweichen bleibt das Brot innen schön weich und wird außen knusprig.

Die Eier mit Salz, Zucker, Orangenschale und -saft, Vanillearoma und Milch in einer großen flachen Schüssel verquirlen.

Die Challahscheiben nebeneinander in die Eimischung legen und 2 Minuten ziehen lassen. Wenden und nochmals 5 Minuten ziehen lassen, bis die Challahscheiben alles aufgesaugt haben.

2–3 Esslöffel Butter in einer großen Pfanne zerlassen. Mit einem Pfannenwender oder breiten Messer die Scheiben portionsweise in die Pfanne geben und 3–4 Minuten goldbraun braten. Falls nötig, noch etwas Butter zugeben.

Die Scheiben vorsichtig wenden und 2 Minuten goldbraun braten oder 3–4 Minuten, dann ist das Brot innen kaum noch weich.

Auf Teller verteilen oder auf einer Servierplatte anrichten und mit Puderzucker bestäuben. Marmelade, Sirup oder Honig separat dazu reichen.

Matzenfladen

Für 1 Person

10 Minuten

6–8 Minuten

2 Matzen
2 große Eier
Salz und Pfeffer
1 EL Butter

Matzenfladen ist ein beliebtes Pessach-Frühstück oder ein leichtes Mittagessen. Er kann in knusprigen Stücken oder als ganzer, innen weicher und außen knuspriger Fladen serviert werden. Kinder mögen ihn am liebsten mit Marmelade, Zimt und Zucker oder Ahornsirup.

Die Matzen in nicht zu kleine Stücke brechen und in eine Schüssel legen. Zum Einweichen mit Wasser bedecken und ab und zu wenden.

In einer kleinen Schüssel die Eier verquirlen. Salzen und pfeffern.

Die Butter in einer Pfanne bei mittlerer Hitze stark erhitzen. Die Matzenstücke aus der Schüssel nehmen und gut ausdrücken, um überschüssiges Wasser auszupressen. In die Pfanne legen.

Sofort die Eier darüber gießen, alles verrühren und gleichmäßig verteilen. 2 Minuten braten, bis die Unterseite knusprig ist. Den Fladen in Stücke reißen und wieder rühren, bis knusprige und weiche Teile vermengt sind. Je nach Belieben sofort servieren oder noch weiterbraten. Mit Salz und Pfeffer bestreuen.

Man kann den Fladen auch ganz lassen. Dann zum Wenden die Ränder mit einem Pfannenwender vom Pfannenrand lösen, den Fladen auf einen Teller gleiten lassen, diesen rasch über der Pfanne umdrehen und den Fladen wieder in die Pfanne geben. 3 Minuten braten und mit Salz und Pfeffer bestreut servieren.

Rührei

mit Räucherlachs

Für 4 Personen

10 Minuten

15 Minuten

4 EL Butter oder Margarine

1 Zwiebel, halbiert und in dünne Ringe geschnitten

10 große Eier

Salz und Pfeffer

1 EL Wasser (nach Belieben)

250 g Räucherlachs, fein gewürfelt

frische Petersilienzweige, zum Garnieren

Zu Beginn des 19. Jahrhunderts avancierte Räucherlachs in den jüdischen Gemeinden Großbritanniens und der USA zum beliebtesten Luxus-Lebensmittel. Heute ist Lachs wesentlich günstiger und wird gern, vor allem mit Rührei, zum Sonntagsbrunch gegessen.

Die Hälfte der Butter in einer großen (am besten antihaftbeschichteten) Pfanne zerlassen und die Zwiebel darin 8–10 Minuten dünsten.

In einer großen Schüssel die Eier mit wenig Salz (der Lachs ist salzig), Pfeffer und nach Belieben mit Wasser verquirlen.

Die restliche Butter in der Pfanne zerlassen und die Eier zugießen. Die Hitze reduzieren und die Eier unter Rühren stocken lassen.

Die Räucherlachsstücke unterrühren und weiterbraten, bis die Eier vollständig gestockt sind. Auf Tellern verteilen und mit Petersilie garnieren.

Variation

Lachs kann auch sehr gut kalt als Beilage gereicht werden. Dazu den Lachs in Streifen schneiden, auf vier Tellern verteilen und das Rührei darüber verteilen. Zitronenspalten nicht vergessen (zum Auspressen über dem Fisch). Die Zwiebeln kann man auch weglassen.

Latkes – Kartoffelpuffer

Für 6–8 Personen

15 Minuten

15–20 Minuten

6 Kartoffeln, geschält
1 Zwiebel
2 Eier, verquirlt
100 g feines Matzenmehl oder Weizenmehl
1 TL Salz
Pfeffer
Öl, zum Frittieren
Apfelmus oder saure Sahne, zum Servieren

Latkes werden gern an Chanukka, dem Lichterfest, serviert. Die in Öl frittierten Latkes stehen symbolisch für ein Wunder: Als der Heilige Tempel in Jerusalem einst wieder dem jüdischen Glauben zugeführt wurde, stand für das heilige Licht nicht mehr als eine Tagesration Öl zur Verfügung. Doch wundersamerweise brannte das Licht acht Tage.

Kartoffeln und Zwiebel in der Küchenmaschine mit dem Reibaufsatz fein raspeln, dann in einem sauberen Küchentuch auspressen.

In eine große Schüssel geben, Eier und Matzenmehl unterrühren. Mit Salz und Pfeffer abschmecken.

Ca. 2,5 cm hoch Öl in eine schwere Pfanne geben und erhitzen. Die Kartoffelmasse löffelweise in die Pfanne geben. Die Puffer 2 Minuten braten, bis die Unterseite knusprig braun ist, dann wenden und weitere 1–2 Minuten braten.

Die gesamte Kartoffelmasse portionsweise verarbeiten, die fertigen Puffer auf Küchenpapier abtropfen lassen. Warm mit Apfelmus oder saurer Sahne servieren. Latkes kann man auch gut im Backofen wieder aufwärmen.

Tipp

Die Kartoffeln färben sich nach dem Reiben schnell braun, deshalb rasch verarbeiten.

Variation

Für Käse-Latkes 175 g geriebenen Hartkäse, z. B. Gouda, zur Kartoffelmasse geben. Beim Braten darauf achten, dass der Käse nicht am Pfannenboden anbackt.

Käse-Blintzen mit Erdbeeren

Für 6–8 Personen

30 Minuten, plus 1 Stunde Kühlzeit

45 Minuten

Blintzen

- 90 g Mehl
- 350 ml Milch oder 175 ml Milch, 175 ml Wasser, plus bei Bedarf etwas mehr
- 3 große Eier, verquirlt
- ½ TL Salz
- ½ TL Zucker
- 2 EL Butter, zerlassen, plus etwas mehr zum Braten

Füllung

- 450 g Hüttenkäse
- 175 g Frischkäse oder Quark
- 3–4 EL Zucker (nach Belieben)
- 5 Tropfen Vanillearoma

Zum Servieren

- 450 g Erdbeeren, in Scheiben geschnitten
- Zucker (nach Belieben)
- abgeriebene Schale und Saft von 1 Zitrone

Blintzen – abgeleitet von den russischen Blini – sind hauchdünne Pfannkuchen, die mit Hüttenkäse, Gemüse oder Fleisch gefüllt, knusprig gebraten und mit Sauerrahm, Apfelmus, Zimt und Zucker oder wie hier mit Erdbeeren oder anderen Früchten serviert werden.

Für die Blintzen Mehl in eine große Schüssel sieben, in die Mitte eine Vertiefung drücken. Milch, Eier, Salz, Zucker und zerlassene Butter in die Mulde geben und von innen nach außen alles zu einem glatten Teig verrühren. In einen hohen Becher gießen und abgedeckt 1 Stunde in den Kühlschrank stellen. Falls nötig, mit Milch oder Wasser verdünnen.

Für die Füllung alle Zutaten mit einem Handrührgerät glatt rühren und beiseite stellen.

Eine Pfanne langsam heiß werden lassen und mit zerlassener Butter ausstreichen. Den Teig sehr dünn in die Pfanne gießen und gleichmäßig verteilen. 2 Minuten backen, bis die Oberseite fest und die Unterseite leicht gebräunt ist, dann wenden. Weitere 10 Sekunden backen, dann auf einen Teller gleiten lassen und mit Frischhaltefolie abdecken. Den restlichen Teig verarbeiten, die Pfannkuchen auf dem Teller stapeln.

1–2 Esslöffel Füllung in die Mitte jedes Pfannkuchens geben, die seitlichen Ränder einschlagen, dann von einer Seite her aufrollen. Erdbeeren, Zucker sowie Zitronenschale und -saft in einer Schüssel verrühren.

2 Esslöffel Butter in einer großen Pfanne erhitzen und die Blintzen darin portionsweise mit der Nahtstelle nach unten 2–3 Minuten goldbraun braten, wenden und weitere 2 Minuten braten. Auf Tellern anrichten, die Erdbeeren darüber geben und warm servieren.

Blini mit Räucherlachs und saurer Sahne

Für 6 Personen

25 Minuten, plus 2–3 Stunden Ruhezeit

20–25 Minuten

- 4 EL Wasser
- 1½ TL Trockenhefe
- 70 g Mehl
- 100 g Buchweizenmehl
- ½ TL Salz
- 225 ml Milch
- 2 Eier, getrennt
- 50 g Butter, zerlassen
- 125 g saure Sahne, plus etwas mehr zum Servieren
- 100 g Räucherlachs, in dünne Scheiben geschnitten, zum Servieren
- frische Schnittlauchröllchen, zum Garnieren

Blini sind kleine russische Pfannkuchen, die wunderbar mit Räucherlachs oder anderem geräuchertem Fisch und saurer Sahne harmonieren. Die saure Sahne kann mit Gurken-, Radieschen- oder Frühlingszwiebelwürfeln oder Kapern verfeinert werden.

Das Wasser in eine kleine Schüssel gießen und Trockenhefe einstreuen. 5 Minuten stehen lassen, bis die Hefe aufgeht und Blasen wirft. Beide Mehlsorten in eine Schüssel sieben, Salz zugeben und eine Vertiefung in die Mitte drücken. Drei Viertel der Milch in einem Topf erwärmen und lauwarm mit der Hefemischung in die Vertiefung gießen. Vom Rand her das Mehl einrühren, bis ein glatter Teig entsteht. Abdecken und an einem warmen Platz 2–3 Stunden gehen lassen.

Die restliche Milch in den Teig rühren. Das Eigelb mit der Hälfte der zerlassenen Butter und der sauren Sahne in den Teig rühren.

In einer anderen Schüssel das Eiweiß nicht zu steif schlagen und unter den Teig heben, weiße Stellen verschwinden später beim Backen.

Eine große Pfanne mit etwas Butter ausstreichen. Den Teig löffelweise in die Pfanne geben und flach drücken. 2 Minuten goldbraun backen, dann wenden und weitere 1–2 Minuten backen. Den restlichen Teig auf dieselbe Weise verarbeiten, die fertigen Blini im Ofen warm halten.

Die Blini auf eine Platte oder Teller legen, je mit einer Räucherlachsscheibe und einem Löffel saure Sahne garnieren und mit Schnittlauchröllchen bestreuen. Mit dem restlichen Räucherlachs servieren.

Tipp

Für Blini kann man auch nur Weizenmehl verwenden, doch fehlt dann der charakteristische Nussgeschmack des Buchweizens.

Kartoffeln nach Bombay-Art

Für 6–8 Personen

10 Minuten

20 Minuten

1,5 kg fest kochende neue Kartoffeln

1 EL Salz

Öl, zum Frittieren

½ TL gemahlener Kreuzkümmel

½ TL mittelscharfes oder scharfes Chilipulver

½ TL Chiliflocken

½ TL Kurkuma

½ TL Garam masala oder Currypulver

1 EL frisch gepresster Zitronensaft

ca. 4 EL Wasser

175 g grüne Erbsen, Tiefkühlware aufgetaut

2 EL frisch gehackter Koriander, zum Garnieren

Dieses typische Gericht der in Bombay lebenden Bene-Israel-Gemeinde schmeckt hervorragend zu Hühnchen nach Bombay-Art (s. S. 69).

Die Kartoffeln schälen oder gründlich bürsten und in 2,5 cm große Würfel schneiden.

In einen großen Topf geben und mit kaltem Wasser bedecken. Salz zufügen und bei starker Hitze zum Kochen bringen. Die Hitze reduzieren und 7 Minuten köcheln lassen, bis sie gerade weich, aber nicht zu weich sind (mit einem Spieß prüfen). Abgießen und unter fließend kaltem Wasser abkühlen.

Ca. 4 Esslöffel Öl in einer großen Pfanne erhitzen. Kreuzkümmel, Chilipulver, Chiliflocken, Kurkuma und Garam masala einrühren und 30 Sekunden kochen.

Die Kartoffeln zugeben und gut mit dem Würzöl vermischen. Zitronensaft und Wasser zugießen. Abgedeckt 5 Minuten garen, dabei gelegentlich umrühren.

Die Erbsen zugeben und 2–3 Minuten garen, bis die Flüssigkeit aufgesogen ist. In einer Servierschüssel mit frischem Koriander garniert servieren.

Süßsaurer Rotkohl

Für 6–8 Personen

15 Minuten

40–50 Minuten

- 2 EL Öl
- 1 Zwiebel, halbiert und in dünne Ringe geschnitten
- 2 Äpfel
- 1 Rotkohl (ca. 700 g)
- 4 EL Rotwein- oder Obstessig
- 2–3 EL brauner Zucker
- 100 g Rosinen oder Sultaninen (nach Belieben)
- ca. 4 EL Wasser
- Salz und Pfeffer

Rotkohl ist vor allem in Deutschland und Ungarn ein beliebtes Gemüse. In den jüdischen Küchen dieser Regionen wurde Rotkohl besonders gern mit Essig und Zucker zubereitet und als Beilage zu Rindfleischgerichten, Ente und Gans serviert.

Das Öl in einer großen, schweren Pfanne erhitzen und die Zwiebel darin 7 Minuten glasig dünsten.

Die Äpfel schälen, entkernen und in dünne Scheiben schneiden. Zur Zwiebel geben und unter gelegentlichem Rühren 2–3 Minuten mitdünsten.

Den Kohl vierteln und den Strunk entfernen. Eventuell noch einmal längs halbieren, damit er in die Küchenmaschine passt, dann mit dem Reibeinsatz klein raspeln oder von Hand mit dem Messer in feine Streifen schneiden.

Den Kohl zur Apfel-Zwiebel-Mischung geben. Essig, Zucker, Rosinen (falls verwendet) und Wasser zugeben. Mit Salz und Pfeffer abschmecken. Die Hitze reduzieren.

Abgedeckt 20–30 Minuten köcheln lassen, gelegentlich umrühren. Deckel abnehmen und bei etwas höherer Hitze weiterkochen, bis die Flüssigkeit verdampft ist. In eine Servierschüssel füllen und sofort oder abgekühlt bei Raumtemperatur servieren.

Selbst gemachte Lokschen

Für 4–6 Personen

40 Minuten, plus 55 Minuten Ruhe- & Trockenzeit

7 Minuten

- 280 g Weizenmehl, plus etwas mehr zum Bestäuben
- ½ TL Salz, plus etwas mehr zum Kochen
- 2–3 Eier, verquirlt

Nudeln finden sich seit dem 16. Jahrhundert in der jüdischen Küche Osteuropas. Vermutlich ist dies auf Beziehungen zu Italien zurückzuführen. Die Italiener brachten die Nudeln (jiddisch: Lokschen) an die Königshöfe Polens und Zentralasiens.

Mehl und Salz in die Küchenmaschine geben und bei laufender Maschine ca. zwei Drittel der Eier zugießen, bis ein fester Teig entsteht. Ist dieser zu trocken, nach und nach noch etwas Ei zugeben (der Teig sollte nicht zu klebrig sein). Den Teig auf einer bemehlten Arbeitsfläche 12 Minuten kneten, bis er weich und elastisch ist. Mit einer umgedrehten Schüssel abdecken und 30 Minuten ruhen lassen.

Den Teig halbieren. Eine Hälfte auf einer bemehlten Arbeitsfläche so dünn wie möglich zu einem ca. 35 cm x 35 cm großen Quadrat ausrollen. Auf ein bemehltes Backblech legen und 25 Minuten trocknen lassen. Die zweite Teighälfte ebenso verarbeiten.

Sobald die Teigoberfläche getrocknet ist, den Teig mehrmals falten, bis man eine ca. 5 cm breite, flache Rolle erhält. Mit einem scharfen Messer in 3 mm bis 1 cm breite Streifen (je nach Rezept) schneiden.

Die Nudeln aufrollen und vorsichtig schütteln, um sie zu trennen. 1 Minute ruhen lassen. Werden sie nicht gleich verarbeitet, zum Trocknen über eine Holzstange hängen.

In einem großen Topf Salzwasser zum Kochen bringen. Die Nudeln hinein geben, abdecken und – breite Nudeln 2 Minuten, dünnere etwas weniger – kochen. Sie sind gar, wenn sie an die Oberfläche kommen. Abgießen und als Suppeneinlage verwenden, in Butter und Käse schwenken oder mit kaltem Wasser abschrecken und zu anderen Gerichten servieren.

Nudeln mit Kohl

Für 4–6 Personen

10 Minuten

35–40 Minuten

2–3 EL Hühnerschmalz, Öl, Butter oder Margarine, plus etwas mehr zum Servieren (nach Belieben)
1 Zwiebel, gehackt
1 kleiner oder ½ großer Weißkohl
Salz und Pfeffer
175 g breite Eiernudeln

Dieses Rezept war in der deutsch-ungarisch-jüdischen Küche sehr beliebt. Hier werden Zwiebel und Kohl verarbeitet, zwei typische Wintergemüsesorten.

Variation

Bei der ungarischen Variante wird die Zwiebel nicht hellbraun, sondern nur glasig gedünstet. Dann 1 Teelöffel Paprikapulver und 1 Teelöffel leicht zerdrückten Kümmel zugeben und wie oben beschrieben weiterverfahren.

Das Fett in einer großen Pfanne oder einem Wok erhitzen und die Zwiebel darin 7 Minuten hellbraun braten.

Den Kohl längs halbieren und den Strunk entfernen. Mit der Schnittfläche nach unten auf ein Brett legen und in mittelfeine Streifen schneiden.

Den Kohl in die Pfanne geben, salzen und pfeffern. Bei niedriger Hitze und unter häufigem Rühren 20 Minuten garen. Färbt sich der Kohl braun, die Hitze reduzieren oder 1–2 Esslöffel Wasser zugeben.

In einem großen Topf Salzwasser zum Kochen bringen und die Nudeln darin bissfest kochen (frische Nudeln 2 Minuten, Nudeln aus der Packung ca. 7 Minuten oder nach Packungsanleitung). Abgießen, zum Kohl geben und beides gut mischen. Wer mag, kann noch 1 Löffel Butter oder Schmalz zugeben. Abschmecken und servieren.

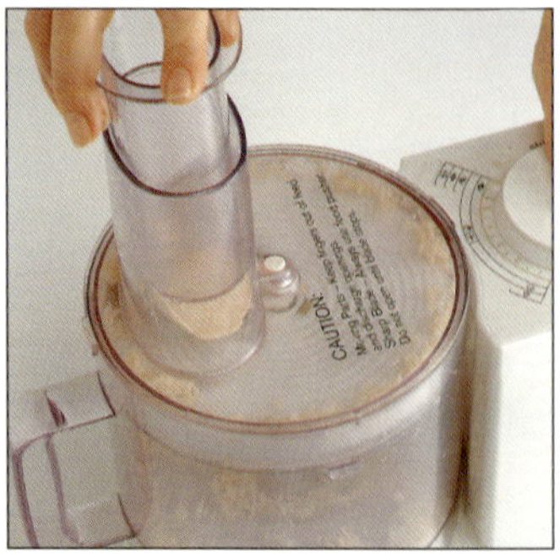

Chrein – Meerrettichsauce

Ergibt ca. 700 g

15 Minuten

–

1 frischer Meerrettich
3–4 Rote Bete, gekocht
1 EL Honig oder brauner Zucker
175 ml Apfelessig (nach Belieben)
Pfeffer

Meerrettich wird zum Pessachfest serviert. Seine Bitterkeit soll an das bittere Los der Juden in der Sklaverei erinnern. Die Kombination mit Roter Bete nennen russische Juden „Chrein". Diese Sauce wird zu Gefiltem Fisch (s. S. 44) gereicht.

Tipp

Die Schärfe des Meerrettichs variiert je nach Herkunft und Lagerungsdauer. Die Sauce deshalb erst nach Zugabe des Essigs abschmecken.

Um die Hände zu schonen, kann man zur Vorbereitung von Meerrettich und Roter Bete Gummihandschuhe tragen. Mit einem Gemüseschäler den Meerrettich schälen und beide Enden abschneiden, in einer Küchenmaschine mit Reibeaufsatz raspeln. Die Abdeckung zunächst geschlossen halten, da der Geruch anfangs sehr scharf ist.

Die Rote Bete schälen und eventuell zerkleinern, damit sie durch den Aufsatz der Küchenmaschine passen, dann über den Meerrettich raspeln.

Die Mischung in eine Schüssel geben. Honig und Essig zugeben, pfeffern und gut umrühren. Falls die Mischung zu trocken ist, noch etwas Essig zugeben.

In ein gut verschließbares Gefäß füllen und im Kühlschrank aufbewahren (bis zu einer Woche haltbar). Je länger die Sauce vor Gebrauch ruht, desto mehr verliert sie an Schärfe.

Eingemachte Rote Bete

Ergibt ca. 1,5 Liter

15 Minuten, plus 15 Minuten Kühlzeit

45–50 Minuten

- 1,5 kg Rote Bete, gekocht
- 2 Zitronen
- 200 g Zucker
- 225 g Honig
- 2 EL frisch gehackter Ingwer
- 125 ml Wasser
- 175 g ganze Mandeln, abgezogen, oder Mandelsplitter

Dieses traditionelle Einmachgericht ist eine Spezialität, die zu Pessach serviert wird – oft zusammen mit Pfefferminztee oder auf Matzenbrot. Eingelegte Rote Bete – manchmal mit Pflaumen, Walnüssen und Zitronen – war vor allem in Osteuropa sehr beliebt.

Um die Hände zu schonen, kann man zur Vorbereitung von Roter Bete Gummihandschuhe tragen. Die Rote Bete schälen, in Scheiben schneiden und beiseite stellen.

Mit einem scharfen Messer beide Enden der Zitronen abschneiden, dann längs halbieren. Die Zitronenhälften in dünne Scheiben schneiden und Kerne entfernen.

Zucker, Honig, Ingwer und Wasser in einen großen Topf geben und bei mittlerer Hitze zum Kochen bringen. Die Hitze reduzieren und 7 Minuten köcheln lassen, bis sich der Zucker aufgelöst hat und die Masse dickflüssig ist. Ab und zu umrühren.

Rote Bete und Zitronen zugeben und unterrühren. Aufkochen, die Hitze reduzieren und bei geringer Hitze 35–40 Minuten köcheln lassen, bis die Masse eingedickt ist. Ab und zu am Topf rütteln und umrühren, damit sie nicht ansetzt. Die Mandeln einrühren und vom Herd nehmen. Etwas abkühlen lassen.

Einmachgläser nach Angaben des Herstellers vorbereiten. Die Mischung randvoll in die Gläser füllen, vollständig abkühlen lassen und verschließen. Innerhalb von 3 Wochen verbrauchen.

Tipp

Die Konsistenz dieser Sauce hängt davon ab, wie dick die Rote-Bete-Scheiben sind: je dicker, desto sirupartiger die Sauce.

Eier in Salzlake

Für 6 Personen

10 Minuten, plus 30 Minuten Einweichzeit

–

6 Eier, hart gekocht
3 TL Salz
1 l Wasser

Dieses Gericht gehört unbedingt zu einer Pessach-Seder-Tafel. Das Ei steht für die Lebenskraft des jüdischen Volkes. Gewöhnlich werden Nahrungsmittel beim Kochen weich. Eier dagegen werden mit zunehmender Garzeit immer härter. So wurde auch das jüdische Volk im Laufe der Geschichte immer stärker. Das Salzwasser symbolisiert die von den Israeliten vergossenen Tränen, als sie in Ägypten Sklaven waren.

Die Eier schälen.

In einer großen Schüssel das Salz im Wasser auflösen und umrühren.

Die Eier ca. 30 Minuten vor dem Servieren ins Salzwasser legen.

Zum Servieren je ein Ei mit ca. 125 ml Wasser in eine kleine Schüssel geben.

Aschkenasisches Haroset

Ergibt ca. 700 g

15 Minuten

–

- 2 Äpfel
- 90 g Walnüsse, fein gehackt
- 90 g Mandeln, fein gehackt
- 140 g getrocknete Datteln, entkernt und klein gewürfelt, plus etwas mehr zum Garnieren
- 2–3 EL brauner Zucker
- 1 TL gemahlener Zimt
- ¼ TL gemahlener Piment
- 3–4 EL koscherer Rotwein
- abgeriebene Schale und etwas Saft von 1 Orange oder Zitrone
- Orangenzesten, zum Garnieren

Haroset wird traditionell zu Pessach-Seder serviert. Die gehackten Nüsse und Früchte symbolisieren die Backsteine und den Mörtel, die zum Bau der ägyptischen Pyramiden verwendet wurden. Sie bilden jedoch auch das süße Gegenstück zu den herben Gerichten der Festtafel.

Die Äpfel vierteln, entkernen und fein würfeln.

Nüsse, Mandeln, Datteln, Zucker und Gewürze sorgfältig in einer Schüssel verrühren.

Wein, Orangen- oder Zitronensaft und -schale zugeben. Probieren und, falls nötig, noch Wein und Zucker zugeben.

In einer Servierschüssel anrichten, mit Orangenzesten garnieren und bei Raumtemperatur oder gekühlt servieren.

Variation

Für die sephardische Haroset-Variante je 90 g Walnüsse, abgezogene Mandeln und Rosinen mit 175 g gehackten, entsteinten Datteln und den Kernen und dem Saft eines Granatapfels mischen. 1 Teelöffel gemahlenen Zimt und je ½ Teelöffel gemahlenen Ingwer, Pfeffer, Nelken und Kardamom zugeben. 3–4 Esslöffel Orangensaft und 2–3 Esslöffel süßen koscheren Wein zugießen und unterrühren.

Zhoug

Ergibt ca. 125 ml

5–10 Minuten

-

- 5–6 frische rote oder grüne Chillies
- 3–4 Knoblauchzehen
- ½–¾ TL Salz
- Pfeffer
- 1 TL gemahlener Kreuzkümmel
- ¼ TL gemahlener Kardamom
- 1–2 EL Wasser

In der jemenitisch-jüdischen Küche wird diese scharfe Chilipaste zu fast allen Gerichten gereicht. Zhoug ähnelt dem nordafrikanischen Harissa, das zu Couscous serviert wird, schmeckt jedoch auch gut zu Kebabs, Falafel und Fleisch in Pita-Brot.

Nach Belieben die Chillies entkernen, denn für die Schärfe sind vor allem die Kerne verantwortlich. Bei der Verarbeitung von Chillies Gummihandschuhe tragen und die Hände und die verwendeten Utensilien hinterher sehr sorgfältig waschen.

Alle Zutaten außer dem Wasser in eine Küchenmaschine geben und zu einer glatten Paste verrühren.

Das Wasser nach und nach zugeben, um die Paste zu verdünnen.

In einem gut verschließbaren Gefäß lässt sich die Paste bis zu einer Woche aufbewahren.

Eingelegte Gurken

Ergibt 2,5 kg

20 Minuten, plus 24 Stunden Ruhezeit

–

- 2,5 kg kleine Gurken
- 2–3 frische rote Chillies, in dünne Ringe geschnitten
- 2–3 frische grüne Chillies, in dünne Ringe geschnitten
- 2–3 Lorbeerblätter
- 1 EL Einlegegewürz
- 2,5-cm-Stück frische Ingwerwurzel, geschält und in Scheiben geschnitten
- 50–100 g Zucker
- 50 g koscheres oder grobes Salz
- 200 ml Essigessenz
- 1,2–1,5 l kochendes Wasser

Einlegen ist eine bewährte Methode zum Konservieren von Nahrungsmitteln und ist besonders in der osteuropäisch-jüdischen Küche beliebt. Der kräftige Geschmack der eingelegten Gemüsesorten verleiht der sonst eher schlichten Kost Würze. Außerdem kann so das Gemüse konserviert werden.

Die Gurken waschen und trocknen, große Gurken halbieren oder vierteln. In eine sehr große, metallfreie Schüssel legen.

Die restlichen Zutaten darüber verteilen und die Essigessenz zugießen. Das kochende Wasser darüber gießen und mit einem Kochlöffel alles gut mischen, bis sich Zucker und Salz aufgelöst haben.

Auf Raumtemperatur abkühlen lassen, dann mit Frischhaltefolie abgedeckt mindestens 24 Stunden ziehen lassen.

In Einmachgläser füllen. Darauf achten, dass Gemüse und Gewürze gleichmäßig verteilt und mit ausreichend Sud bedeckt sind. Die Gläser gut verschließen.

Tipp

Essigessenz ist in Supermärkten erhältlich.

Reubens-Sandwich

Für 2 Personen

30 Minuten

7 Minuten

- 4 Scheiben Roggenbrot
- 2 EL weiche Margarine
- 125–175 g Corned Beef oder Rinderbraten, in dünne Scheiben geschnitten
- 50 g Sauerkraut aus der Dose, gut abgetropft
- 100 g geriebener Gruyère
- Öl oder Margarine, zum Braten
- eingelegte Gurken (s. S. 141) oder Essiggurken, zum Servieren

Thousand-Island-Dressing

- 225 ml Mayonnaise
- 2 EL Ketchup oder Chilisauce
- 2 EL entkernte und klein gewürfelte grüne Paprika
- 2 EL entkernte, klein gewürfelte rote Paprika
- 2 El fein gewürfelte, süßsaure Essiggurken

Nach der großen Immigrationswelle in den 1880er-Jahren arbeiteten in den USA in den 1920er-Jahren über 2 Millionen Juden. Sie kauften koschere Speisen von ihren jüdischen Nachbarn, und so wurde das jüdische Feinkostgeschäft (Jewish deli), eine bekannte jüdisch-amerikanische Institution, geboren, in denen die köstlichsten Sandwiches kreiert wurden.

Für das Dressing alle Zutaten in einer Schüssel gut verrühren. Es lässt sich gekühlt und in einem luftdichten Gefäß bis zu einer Woche aufbewahren.

Jede Brotscheibe mit Margarine bestreichen, dann wenden. Auf die andere Seite je 1 Esslöffel Dressing träufeln.

Zwei Brotscheiben dick mit Fleisch belegen, das Sauerkraut darauf verteilen und dieses mit Käse bestreuen. Die restlichen Brotscheiben mit der Margarine-Seite nach außen darauf legen und gut andrücken.

Eine antihaftbeschichtete Pfanne erhitzen, die beiden Sandwiches hineinlegen und mit einem Pfannenwender flach drücken. 3 Minuten braten, bis die Unterseiten knusprig goldbraun sind.

Vorsichtig wenden und weitere 2 Minuten braten, bis der Käse geschmolzen und das Fleisch warm ist. Die Sandwiches auf ein Brett legen, in der Mitte durchschneiden und mit Essiggurken servieren.

Reis auf persische Art

Für 6 Personen

20 Minuten, plus 1 Stunde Ruhezeit

50 Minuten bis 1 Stunde

- 450 g Basmatireis
- 1 EL Salz
- 2 Orangen
- 120 g Zucker
- 4–6 EL Öl
- 1/4 TL Safranfäden oder -pulver
- 100 g Sultaninen
- 100 g getrocknete Aprikosen, klein gewürfelt
- 50 g geschälte Pistazien, gehackt

Die Wurzeln der persischen Juden reichen zurück bis in babylonische Zeiten. Sie waren überwiegend als Seide- und Gewürzhändler tätig. Entsprechend reich an Gewürzen sind daher auch die persisch-jüdischen Rezepte. Das Gericht wird zu Hochzeiten und anderen feierlichen Anlässen serviert.

Den Reis unter fließend kaltem Wasser waschen, in eine Schüssel geben und mit kaltem Wasser bedecken. Das Salz einrühren und 1 Stunde quellen lassen.

Mit einem scharfen Messer die Orangen schälen. Darauf achten, dass die weißen Häutchen vollständig entfernt werden. Die Schalen fein raspeln oder schneiden. In einem kleinen Topf Wasser zum Kochen bringen, die Zesten darin 2 Minuten blanchieren, dann herausnehmen und das Wasser abgießen. Die Zesten mit dem Zucker und 4 Esslöffeln Wasser wieder in den Topf geben und aufkochen. Den Topf schwenken, bis sich der Zucker aufgelöst hat. 10 Minuten köcheln lassen, bis die Zesten karamellisiert sind, anschließend herausnehmen.

Bei starker Hitze einen großen Topf mit Salzwasser zum Kochen bringen. Den Reis abgießen und in dem Wasser in 8–10 Minuten bissfest kochen. Durch ein Sieb abschütten.

Das Öl in einem Topf erhitzen und erst den Safran, dann den Reis einrühren. Trockenfrüchte, Nüsse und karamellisierte Zesten zugeben und alles gut verrühren.

Den Reistopf mit Backpapier abdecken, 20 Minuten garen und dann in eine Schüssel füllen oder ihn in einer eingefetteten Auflaufform 30 Minuten abgedeckt im vorgeheizten Ofen bei 180 °C fertig garen.

Tipp

Verwenden Sie nur Orangenschalen von unbehandelten Früchten.

Karotten-Tzimmes

Für 6 Personen

10 Minuten

25–30 Minuten

2 EL Butter oder Öl
700 g Karotten, in Scheiben geschnitten
Salz und Pfeffer
Saft von 1 Orange
1-cm-Stück frische Ingwerwurzel, geschält und in dünne Stifte geschnitten
2 EL Honig (nach Belieben)
125 ml Wasser

Ein Tzimmes ist ein süßliches Eintopfgericht, das mit Gemüse oder Fleisch zubereitet werden kann. Für die jüdische Küche ist Karotten-Tzimmes sehr typisch. Karotten-Tzimmes wird zum Neujahrsfest (Rosch ha-Schana) serviert, da Karotten aufgrund ihrer goldroten Farbe symbolisch für Goldmünzen stehen, während der Honig die Hoffnung auf ein „süßes" neues Jahr symbolisiert.

Die Butter in einer breiten, tiefen Pfanne zerlassen. Die Karotten zugeben, mit Salz und Pfeffer abschmecken, dann die restlichen Zutaten zugeben.

Aufkochen, die Hitze reduzieren und abgedeckt 15 Minuten köcheln lassen. Deckel abnehmen und bei starker Hitze kochen, bis alle Flüssigkeit verdampft ist. Ab und zu umrühren.

Variation

Die sephardische Version dieses Gerichtes ist würziger, dafür werden Ingwer und Orangen weggelassen. Die Karotten weich kochen und abgießen. Öl erhitzen und 1 Teelöffel gemahlenen Kreuzkümmel, 1 entkernte, gehackte Chili (nach Belieben), 1 gehackte Knoblauchzehe und Saft von 1 Zitrone zugeben und unter Rühren 1 Minute dünsten. Karotten, Honig und 2–3 Esslöffel Wasser zugeben. Kochen, bis die Flüssigkeit verdampft ist. Mit 1–2 Esslöffeln frisch gehackter Minze oder frisch gehacktem Koriander bestreuen.

Venezianischer Safran-Reis

Für 4 Personen

10 Minuten, plus 5 Minuten Ruhezeit

35 Minuten

3 EL Öl
280 g Risottoreis (z. B. Arborio)
1 l Hühner- oder Gemüsebrühe, vorzugsweise selbst gemacht
125 ml trockener Weißwein
½ TL Salz (nach Belieben)
½ TL Safranfäden oder -pulver
2 EL Butter oder Margarine
50 g frisch geriebener Parmesan

In der sephardischen Küche gehört Reis – in Nordafrika Couscous – zu den Grundnahrungsmitteln. Über Venedig, wo Gewürzhandel einst eine große Rolle spielte, fanden Gewürze wie Safran und Kurkuma ihren Weg in die jüdische Küche.

Das Öl in einem großen, schweren Topf erhitzen. Den Reis zugeben und unter häufigem Rühren 3–4 Minuten glasig dünsten.

In der Zwischenzeit die Brühe in einem anderen Topf zum Kochen bringen.

Den Reis mit dem Wein übergießen (er verdampft sofort). Mit kochender Brühe auffüllen, salzen und umrühren. Aufkochen, dann die Hitze stark reduzieren und abgedeckt 25 Minuten köcheln lassen.

Die Safranfäden in eine kleine, hitzebeständige Schale geben und mit kochendem Wasser bedecken. Ca. 5 Minuten vor Garende des Reises die Safranfäden unterrühren.

Butter und Parmesan unterheben und vom Herd nehmen. Vor dem Servieren 5 Minuten abgedeckt ruhen lassen.

Tipp

Wird der Reis zu Fleisch serviert, Butter und Parmesan weglassen. Nach Belieben stattdessen eine gehackte Zwiebel und 250 g in Scheiben geschnittene und in 1 Esslöffel Öl angebratene Pilze unterheben.

Kneidlach – Matzenklößchen

Ergibt 36 Klößchen

15 Minuten, plus 2 Stunden Kühlzeit

25 Minuten

3 Eier
80 g Hühnerschmalz oder Öl
1 TL Salz
150 ml kaltes Wasser
1 ganze Muskatnuss zum Reiben, oder 1/4 TL gemahlener Ingwer oder Zimt
175 g mittelfeines Matzenmehl
Hühnersuppe (s. S. 21), zum Servieren

Das jiddische Wort Kneidlach leitet sich von Knödel ab. Knödel oder Klöße sind in der osteuropäischen Küche seit dem Mittelalter verbreitet. Diese Knödel aus Matzenmehl entstanden als Ersatz für die an Pessach verbotenen Semmelknödel.

In einer großen Schüssel die Eier mit Hühnerschmalz und Salz mischen und das Wasser einrühren.

In eine andere Schüssel Matzenmehl geben und etwas Muskat hineinreiben. Matzenmehl und Eimischung zu einem glatten Teig verrühren. Abgedeckt ca. 2 Stunden (bis die Masse fest ist) in den Kühlschrank stellen.

Aus der Masse mit angefeuchteten Händen 2 cm große Klöße formen und auf ein Backblech legen (oder einfrieren und 1 Stunde vor dem Backen auftauen).

Die Suppe in einem großen Topf aufkochen. Die Hitze reduzieren und die Matzenklößchen hineingeben. 25 Minuten köcheln lassen, ab und zu umrühren. Die Klöße sind gar, wenn sie aufgegangen sind und an der Oberfläche schwimmen. Die Suppe bleibt klarer, wenn man die Klöße in siedendem Salzwasser ziehen lässt und erst zum Servieren in die Suppe gibt. In jede Suppentasse drei Matzenklößchen geben.

Tipp

Etwas mehr Brühe einkalkulieren, da die Klöße mehr Flüssigkeit aufsaugen könnten.

Variation

Die Zubereitung der Matzenklößchen ist nicht ganz einfach. Einfacher geht es, wenn man die Eier trennt und das Eiweiß steif schlägt. Eigelb verquirlen, dann langsam Schmalz oder Öl, Salz und Wasser unterrühren. Vorsichtig das Eiweiß unterheben. Die Masse kann wie oben kalt gestellt werden, fällt dann aber etwas zusammen. Man kann sie auch löffelweise in köchelnde Brühe oder Wasser geben.

Couscous auf tunesische Art

Für 4 Personen

15 Minuten

15–20 Minuten

225 g Couscous
2 EL Olivenöl
1 Zwiebel, fein gehackt
3–4 Knoblauchzehen, fein gehackt
1 frische rote Chili (nach Belieben), in dünne Ringe geschnitten
1 TL Paprikapulver
½ TL gemahlener Kreuzkümmel
½ TL gemahlener Zimt
Salz und Pfeffer
2 EL frisch gehackte Kräuter, z. B. Minze, Koriander oder Petersilie, plus einige Blätter mehr zum Garnieren

Couscous wird aus Weizen oder Hirse hergestellt. In Nordafrika hat er den gleichen Stellenwert wie Pasta in Italien. Traditionell wird Couscous in einem Einsatz über einem Eintopf gegart.

Den Couscous nach Packungsanleitung zubereiten. Beiseite stellen.

Das Öl in einer mittelgroßen Pfanne erhitzen und die Zwiebel darin unter häufigem Rühren 5–7 Minuten dünsten.

Knoblauch, Chili, Paprikapulver, Kreuzkümmel, Zimt, Salz und Pfeffer unterrühren und 2 Minuten mitdünsten. Vom Herd nehmen und die frischen Kräuter einrühren.

Couscous und Zwiebelmischung verrühren und in eine Schüssel füllen. Heiß oder bei Raumtemperatur mit einigen Kräuterblättern garnieren und servieren.

Variation

Für eine etwas reichhaltigere Variante Chili und Zimt weglassen, dafür zusätzlich ½ Teelöffel gemahlenen Kreuzkümmel, 1 Teelöffel gemahlenen Koriander, 2 entkernte und gehackte Eiertomaten, 250 g klein geschnittene Zucchini, 400 g Kichererbsen aus der Dose, Cayennepfeffer nach Belieben und, falls nötig, noch etwas Wasser in den Couscous geben. Mit 1–2 Esslöffeln gerösteten Pinienkernen und 2 Esslöffeln frisch gehackter Minze oder frisch gehacktem Koriander bestreuen.

Mamaglia
mit Käse auf rumänische Art

Für 6–8 Personen

10 Minuten oder 2–3 Stunden 30 Minuten Kühlzeit

25–40 Minuten

450 g feiner Maisgrieß oder Polenta
1 TL Salz
1,25 l Wasser

4 EL Butter oder *parve* (neutrale) Margarine
225 g Hüttenkäse, abgetropft und durch ein Sieb gestrichen

Im 16. Jahrhundert brachten die Spanier Maisgrieß aus der Neuen Welt nach Europa. Der in Italien als Polenta bekannte Maisgrieß war in Rumänien bald so beliebt, dass es dort zum Frühstück, Mittag- und Abendessen zubereitet wurde.

Maisgrieß und Salz in einer mittelgroßen Schüssel mit 250 ml kaltem Wasser glatt rühren. In einem großen Topf 1 Liter Wasser bei starker Hitze zum Kochen bringen. Den Maisgrieß nach und nach unter ständigem Rühren zugeben, damit sich keine Klumpen bilden.

20–25 Minuten bei mittlerer Hitze unter Rühren quellen lassen, bis alles Wasser aufgesogen ist.

Vom Herd nehmen. Butter und Käse einrühren und 1 Minute ruhen lassen. Umrühren und in eine Schüssel füllen.

Alternativ den Maisgrieß wie oben zubereiten, jedoch statt 1 Liter lediglich 750 ml Wasser nehmen, nur die Hälfte der Butter zugeben und den Käse weglassen. In eine gefettete Backform füllen, glatt streichen und abkühlen lassen. Abgedeckt 2–3 Stunden in den Kühlschrank stellen, bis die Masse fest ist.

Mit einem scharfen Messer die feste Masse von den Rändern lösen, auf ein Brett stürzen und in dünne Scheiben schneiden.

Die restliche Butter in einer großen, schweren Pfanne erhitzen und die Scheiben 2 Minuten darin goldbraun braten, dann wenden und nochmals 1 Minute braten. Zu gebratenem Geflügel und Eintöpfen servieren.

Kascha Varnischkes

Für 6–8 Personen

10 Minuten

25 Minuten

200 g Kascha (grob geschrotete Buchweizenkörner)

1 Ei, verquirlt

600 ml Wasser (oder Brühe, wenn mit einem Fleischgericht serviert)

½ TL Salz

Pfeffer

2 EL Butter oder Öl

1 große Zwiebel, fein gehackt

250 g Farfalle

Kascha, eine Speise aus Buchweizen, ist besonders in der russisch-jüdischen und polnisch-jüdischen Küche sehr beliebt. Aus den würzigen, nahrhaften Buchweizenkörnern wird ein körniger Brei gekocht. Das Gericht wird vor allem an Purim serviert, im Gedenken an die Errettung vor dem persischen Wesir Haman.

Kascha und Ei in einer Schüssel vermengen, dann in einer großen, schweren Pfanne langsam erhitzen. Unter häufigem Rühren 5 Minuten braten, bis die Körner leicht gebräunt sind.

Das Wasser einrühren, mit Salz und Pfeffer abschmecken. Die Hitze reduzieren und abgedeckt 10 Minuten garen, bis die Flüssigkeit aufgesogen ist.

Die Butter in einer mittelgroßen Pfanne zerlassen und die Zwiebel darin 7 Minuten unter häufigem Rühren dünsten.

Salzwasser in einem großen Topf zum Kochen bringen, die Nudeln hineingeben und 8 Minuten oder nach Packungsanleitung garen, dann abgießen und abtropfen lassen.

Die Kascha-Ei-Mischung mit einer Gabel auflockern, mit den Zwiebeln zu den Nudeln geben und gut vermischen. Als Beilage zu Schmorfleisch oder anderen Fleisch- und Geflügelgerichten servieren.

Kreplach – Teigtaschen

Ergibt ca. 48 Stück

50 Minuten bis 1 Stunde, plus 30 Minuten Ruhezeit

1 Stunde 15 Minuten

selbst gemachter Nudelteig (s. S. 126)

Füllung

250 g gekochtes Rindfleisch oder Rinderhack
1 Zwiebel, gehackt
½ TL Salz
Pfeffer
1 EL frisch gehackter Dill
1 Ei
Hühnersuppe (s. S. 21), zum Servieren

Kreplach sind ein wichtiger Bestandteil der traditionellen jüdischen Küche. Für die Füllung wird in der Regel das jeweilige Suppenfleisch verwendet. Kreplach in Hühnersuppe werden am Vorabend des Yom Kippur (des Sühnetages) oder am letzten Tag des Sukkoth serviert.

Für die Füllung Fleisch und Zwiebel in einer Küchenmaschine zerkleinern, aber nicht pürieren. Salz, Pfeffer, Dill und Ei zugeben und alles zu einer feinen Masse verrühren.

Den Nudelteig wie auf Seite 126 beschrieben ausrollen, aber nicht trocknen, und Quadrate von 5 cm Seitenlänge ausschneiden. Auf jedes Quadrat ½ Teelöffel Füllung geben, die Ränder mit etwas Wasser bestreichen und den Teig so umklappen, dass ein Dreieck entsteht. Die Ränder gut zusammendrücken.

Die fertigen Kreplach auf ein bemehltes Backblech legen. Statt sie gleich in der Brühe zu garen, kann man die Teigtaschen auch über Nacht in den Kühlschrank stellen.

In einem großen Topf Salzwasser zum Kochen bringen. Die Kreplach portionsweise darin 12–15 Minuten garen, dann in einem Sieb abschütten. Abgedeckt kühlen oder für spätere Verwendung einfrieren.

Die Hühnersuppe in einem großen Topf zum Kochen bringen und die Kreplach darin 6–8 Minuten erwärmen. In jede Suppentasse 2 oder mehr Kreplach legen und mit Hühnersuppe servieren.

Tipp

Die Kreplach können in der Suppe gegart werden, dann wird diese aber etwas trüb. Man kann sie jedoch auch wie oben zubereiten, kurz in Butter schwenken und mit etwas geriebenem Käse, Tomatensauce und frischen Kräutern servieren.

Süßkartoffel-Pastinaken-Kugel

Für 6–8 Personen

15 Minuten, plus 15 Minuten Kühl- & Ruhezeit

55 Minuten

- 4 EL Butter oder *parve* (neutrale) Margarine
- 1 Zwiebel, fein gehackt
- 2 Süßkartoffeln
- 2 große Karotten
- 2 große Pastinaken
- 1 Apfel, geschält, entkernt und geviertelt
- Salz und Pfeffer
- 1 TL gemahlener Zimt
- ½ TL frisch geriebene Muskatnuss
- 50 g brauner Zucker
- 4 EL Honig
- 4 EL Wasser
- 2 Eier, verquirlt
- 50 g Matzenmehl
- 2 EL Öl

Dieser aus süßlich schmeckenden Wintergemüsesorten bestehende Auflauf ist sehr beliebt. Er wird gern am Pessachfest serviert, ist aber auch eine ideale Beilage zu gebratener Ente oder Pute. Die Süßkartoffeln kann man auch durch Kürbis ersetzen.

Den Backofen auf 190 °C vorheizen. Die Butter in einer großen Pfanne zerlassen und die Zwiebel darin unter gelegentlichem Rühren 3 Minuten dünsten.

Süßkartoffeln, Karotten, Pastinaken und Apfel in einer Küchenmaschine mit Reibaufsatz raspeln. Die Mischung zu der Zwiebel geben und 5 Minuten unter häufigem Umrühren mitbraten. Vom Herd nehmen und etwas abkühlen lassen.

Das Gemüse mit Salz und Pfeffer abschmecken. Zimt, Muskat, Zucker, Honig und Wasser zugeben und gut verrühren. Dann Eier und Matzenmehl einrühren.

Das Öl in einer mittelgroßen Auflaufform im Ofen stark erhitzen, die Mischung hineingeben und glatt streichen (so wird auch der Boden knusprig).

Mit Alufolie abgedeckt 30 Minuten backen. Folie abnehmen und weitere 15 Minuten backen, bis sich eine goldbraune Kruste bildet. Aus dem Ofen nehmen und vor dem Servieren 5 Minuten ruhen lassen.

Käse-Kugel
mit Zitronenaroma

Für 4–6 Personen

15 Minuten

1 Stunde

250 g breite Eiernudeln
125 g Butter oder *parve* (neutrale) Margarine, zimmerwarm, plus etwas mehr zum Einfetten
250 g Frischkäse, zimmerwarm
250 g Hüttenkäse
5 Eier, verquirlt
600 ml Milch
abgeriebene Schale und Saft von 1 Zitrone
3–4 Frühlingszwiebeln, in feine Ringe geschnitten
2–3 EL geröstete Pinienkerne (nach Belieben)
Salz und Pfeffer
frisch geriebene Muskatnuss

Kugel ist ein in der aschkenasischen Küche besonders geschätzter Auflauf, der ursprünglich gleichzeitig mit Tscholent (s. S. 91) als Beilage oder separates Gericht zubereitet wurde.

Den Backofen auf 180 °C vorheizen. In einem großen Topf Salzwasser bei starker Hitze zum Kochen bringen. Die Nudeln hineingeben und 7 Minuten oder nach Packungsanleitung bissfest kochen. Häufig umrühren, damit sie nicht anbacken. Abgießen und beiseite stellen.

Butter und Frischkäse in einer Schüssel glatt rühren. Nach und nach den Hüttenkäse, dann Eier und Milch unterrühren.

Zitronenschale und -saft, Frühlingszwiebeln und Pinienkerne, falls verwendet, einrühren. Mit Salz, Pfeffer und Muskat abschmecken. Die Nudeln zugeben und gut durchmischen.

In einer eingefetteten Auflaufform gleichmäßig verteilen und die Oberfläche glatt streichen. 50 Minuten im Ofen backen, bis sich eine goldbraune Kruste bildet. Heiß oder bei Raumtemperatur servieren.

Tipp

Statt einer Auflaufform kann man auch mehrere kleine Soufflé-Förmchen nehmen (dann Garzeit auf 25 Minuten reduzieren) – so erhält jeder seine eigene „Mini-Kugel".

Huevos haminados
– Hart gekochte Eier

Für 8 Personen

10 Minuten

6–8 Stunden

Schalen von 8 Zwiebeln
8 große Eier
1 TL Salz
Pfeffer

2 EL Olivenöl
Hummus (s. S. 33), Tahini oder Knoblauchmayonnaise (siehe unten), zum Servieren (nach Belieben)

Diese langsam gekochten Eier sind ein typisch sephardisches Gericht. Ursprünglich wurden sie im Hamin, der sephardischen Version des aschkenasischen Tscholent (s. S. 91) gekocht. Ihre goldene Farbe verdanken sie den Zwiebelschalen und dem Fleisch in der Kasserolle.

Den Backofen auf 110 °C vorheizen. Die Zwiebelschalen in eine Auflaufform oder Kasserolle legen und die Eier dazwischen verteilen.

Mit Salz und Pfeffer bestreuen und Olivenöl darüber träufeln (das Öl verhindert das Verdampfen des Wassers). Langsam Wasser zugießen, bis alles bedeckt ist.

6–8 Stunden oder über Nacht im Ofen backen.

Die Eier herausnehmen, abschrecken und abkühlen lassen, dann schälen und halbieren. Die Schalen sollten hellbraun, das Eiweiß goldfarben und das Eigelb cremig sein. Diese harten Eier eignen sich sehr gut für ein Buffet, schmecken aber auch als Vorspeise mit Hummus, Tahini oder Knoblauchmayonnaise.

Knoblauchmayonnaise

4 zerdrückte Knoblauchzehen in eine vorgewärmte Schüssel geben und mit 1 Eigelb, 1 Teelöffel Wasser und dem Saft von ½ Zitrone verrühren. Mit ½ Teelöffel Pfeffer abschmecken. Nach und nach 225 ml natives Olivenöl extra (oder Olivenöl mit anderem Öl gemischt) erst tropfenweise, dann in dünnem Strahl einrühren, bis eine glatte, cremige Mayonnaise entsteht. Abschmecken und nach Belieben etwas Cayennepfeffer zugeben.

Caponata alla Giudea

Für 6 Personen

10 Minuten, plus 4 Stunden 30 Minuten Kühlzeit

40–45 Minuten

1 kg Auberginen
natives Olivenöl extra, zum Braten
1 große Zwiebel, in Ringe geschnitten
3–4 Knoblauchzehen, zerdrückt
3 Selleriestangen, in 1 cm lange Stücke geschnitten
50–90 ml Rotweinessig
700 g – 1 kg reife Tomaten, gehäutet und gewürfelt (Saft aufbewahren)
1–2 EL Zucker
Salz und Pfeffer
2 EL Kapern
1–2 EL geröstete Pinienkerne
50 g entsteinte grüne oder schwarze Oliven, gehackt
1–2 EL frisch gehacktes Basilikum, plus einige Blätter mehr zum Garnieren

Auberginen gelangten ursprünglich von Nordafrika nach Spanien. Als die Juden während der Inquisition aus Spanien, Sizilien und Süditalien flohen, nahmen sie die Auberginen mit. Caponata alla Giudea *(auf jüdische Art) wird in Italien als kaltes Gericht serviert.*

Die Auberginen je nach Belieben mit Schale oder geschält in 2,5 cm große Würfel schneiden.

Ca. 4 Esslöffel Öl in einer großen Pfanne erhitzen. Die Auberginen darin portionsweise unter Rühren 5 Minuten anbraten. Mit einem Schaumlöffel herausnehmen und auf Küchenpapier abtropfen lassen.

Die Zwiebel in der Pfanne 5–7 Minuten goldgelb anbraten (eventuell noch etwas Öl zugeben). Knoblauch und Sellerie zugeben und 1 Minute mitdünsten.

Essig, Tomaten und Zucker einrühren und mit Salz und Pfeffer abschmecken. Bei mittlerer Hitze unter häufigem Rühren 15 Minuten köcheln lassen, bis die Sauce eindickt. Kapern, Pinienkerne und Oliven zugeben und 2 Minuten mitkochen.

Die Auberginenwürfel zugeben und 5 Minuten mitgaren. Vom Herd nehmen und Basilikum einrühren. Abkühlen lassen, in eine Schüssel füllen und abgedeckt 4 Stunden oder über Nacht in den Kühlschrank stellen. Kalt servieren.

Desserts, Kuchen & Gebäck

Desserts, Kuchen und Gebäck sind überall sehr beliebt, doch haben Süßspeisen in der jüdischen Küche einen besonderen Stellenwert, da sie Glück und Freude symbolisieren.

Desserts sind in der jüdischen Küche gewöhnlich schlicht und werden oft mit frischen oder getrockneten Früchten zubereitet, z. B. Kompott oder Obstsalat, die ihren Ursprung in den Erntefesten haben. Da die religiösen Speisevorschriften verbieten, Fleisch- und Milchprodukte in einem Gericht zu kombinieren, sind Süßspeisen ideal, um Milchprodukte einzusetzen. Backen, vor allem zum Sabbat oder zu Festtagen, spielt in der jüdischen Küche eine große Rolle. Für das Pessach-Gebäck darf jedoch kein Backtriebmittel verwendet werden.

Die Rezepte stammen aus verschiedenen Ländern: Honigkuchen und Butterkekse kommen aus Deutschland, der Käsekuchen nach New Yorker Art ist russischen oder polnischen Ursprungs, und die berühmten Plavas, Biskuitkuchen und Mandelmakronen brachten spanische und marokkanische Sepharden mit.

Kompott aus Sommerfrüchten

Für 8–10 Personen

20 Minuten, plus 4 Stunden 30 Minuten Kühlzeit

15–30 Minuten

- 1 l Wasser
- 1 Zimtstange
- 2–4 Nelken
- Saft von 1 Orange oder Zitrone
- Zucker oder Süßstoff (nach Belieben)
- 6 Pfirsiche, gehäutet und in Scheiben geschnitten
- 6 Nektarinen oder Pflaumen, in Scheiben geschnitten
- 6 reife Aprikosen, halbiert oder geviertelt
- 450 g Süßkirschen, entkernt
- 450 g gemischte Beeren, z. B. Erdbeeren (große Früchte halbiert), Himbeeren und Heidelbeeren
- Sahne, Joghurt oder Vanilleeis, zum Servieren (nach Belieben)

Obstkompott ist ein wunderbar leichter Abschluss für die meist recht schweren Mahlzeiten der aschkenasischen Küche. Zum Aromatisieren eignen sich Zimt, Nelken, Muskat, Vanille, Orange oder Zitrone und Liköre.

Das Wasser in einen großen Topf geben. Zimtstange, Nelken, Zitrusfruchtesaft und Zucker einrühren (zunächst nur wenig Zucker zufügen, das Kompott kann zum Schluss nachgesüßt werden).

Bei starker Hitze zum Kochen bringen und die Pfirsiche zugeben. Die Hitze reduzieren und je nach Reifegrad die Früchte 2–5 Minuten weich kochen.

Mit einem Schaumlöffel die Pfirsiche herausnehmen, gut abtropfen lassen und in eine Schüssel geben.

Die Nektarinen in den Topf geben, köcheln lassen und in die Schüssel geben, dann die Aprikosen und schließlich die Kirschen auf dieselbe Weise garen, jedoch nicht zu lange kochen, da die Früchte in der Schüssel noch nachgaren. Falls nötig, etwas Wasser nachfüllen.

Die Beeren in den Topf geben, umrühren (sie sollten knapp mit Wasser bedeckt sein) und 1 Minute köcheln lassen. In die Schüssel geben, die Kochflüssigkeit probieren und eventuell nachsüßen. Ist die Flüssigkeit zu dünn, bei stärkerer Hitze zu einem Sirup einkochen lassen. Über die Früchte gießen, abkühlen lassen und abgedeckt 4 Stunden oder über Nacht in den Kühlschrank stellen. Mit Sahne, Joghurt oder Vanilleeis servieren.

Apfel-Matzen-Auflauf

Für 6 Personen

20 Minuten, plus 10 Minuten Ruhezeit

55 Minuten

- 4 Matzen
- 90 g getrocknete Aprikosen, klein gewürfelt
- 90 g Sultaninen oder Rosinen
- 90 g entkernte getrocknete Datteln, klein gewürfelt
- 90 g geröstete Mandeln oder Pekannüsse, gehackt
- 90 g Zucker, plus etwas mehr zum Bestreuen
- 1 TL gemahlener Zimt
- ½ TL frisch geriebene Muskatnuss
- abgeriebene Schale und Saft von 1 Orange
- 3 Eier
- 2 EL feines Matzenmehl
- 120 g *parve* (neutrale) Margarine, zerlassen, plus etwas mehr zum Einfetten
- 2 Äpfel, geschält, entkernt und in dünne Scheiben geschnitten
- 2 EL Aprikosenmarmelade
- 1 EL Wasser

Dieser Apfelauflauf ist der traditionelle Sabbat-Auflauf. Mit Nudeln und häufig auch mit im Ofen getrockneten Apfelringen zubereitet, wurde er in Russland und Polen das ganze Jahr über gegessen. Mit Matzen statt mit Nudeln ist er das ideale Dessert für Pessach.

Den Backofen auf 180 °C vorheizen. Die Matzen in kleine Stücke brechen und in eine große Schüssel legen. Mit kaltem Wasser bedecken und 10 Minuten einweichen. Abtropfen lassen und mit einer Gabel zerdrücken.

Trockenfrüchte und Nüsse unterheben. Die Hälfte des Zuckers, Zimt, Muskat und Orangenschale und -saft zugeben und ebenfalls unterrühren. Beiseite stellen.

Eier und restlichen Zucker in einer mittelgroßen Schüssel 5 Minuten verquirlen, bis sich der Zucker aufgelöst hat. Matzenmischung, Matzenmehl, die Hälfte der zerlassenen Margarine und die Äpfel zugeben und gut verrühren.

Die Masse in eine eingefettete Auflaufform geben und die Oberfläche glatt streichen. Mit der restlichen Margarine beträufeln und etwas Zucker darüber streuen. 50 Minuten backen, bis eine goldbraune Kruste entsteht. Sticht man mit einem Messer hinein, sollte dieses sauber bleiben.

Die Aprikosenmarmelade und 1 Esslöffel Wasser in einem kleinen Topf erhitzen. Den fertigen Auflauf damit bestreichen und vor dem Servieren etwas abkühlen lassen.

Lokschen-Kugel
mit Trockenfrüchten

Für 4–6 Personen

20 Minuten

1 Stunde 20 Minuten

- 600 ml Milch
- 100 g Vermicelli oder dünne Spaghetti
- 2 große Eier
- 50 g Zucker
- abgeriebene Schale und Saft von 1 Orange oder Zitrone
- ¼ TL Salz
- ½ TL Zimt
- ¼ TL frisch geriebene Muskatnuss
- 5–10 Tropfen Vanillearoma
- 2 EL Butter oder Margarine, zerlassen, plus etwas mehr zum Einfetten
- 140 g getrocknete Aprikosen, klein gewürfelt
- 140 g getrocknete Preiselbeeren und/oder Schattenmorellen
- 25 g Mandelblättchen

Nudelaufläufe sind typisch für die aschkenasische Küche. Da am Sabbat Kochen nicht erlaubt ist, werden Gerichte bevorzugt, die im Ofen über Nacht gegart werden. Kugels können süß oder deftig sein – zu dieser Variante passt eine Fruchtsauce oder Coulis.

Die Milch in einem großen Topf aufkochen. Die Nudeln darin 20–25 Minuten bei geringer Hitze garen, bis sie weich sind und den größten Teil der Milch aufgesogen haben.

Den Backofen auf 180 °C vorheizen. In einer mittelgroßen Schüssel Eier, Zucker, Orangenschale und -saft, Salz, Zimt, Muskat und Vanillearoma mischen.

Zerlassene Butter und Trockenfrüchte zugeben, dann die Nudeln mit Milch einrühren. Die Mischung in eine eingefettete Auflaufform geben und mit Mandelblättchen bestreuen.

Die Form in eine flache Bratform stellen und diese halb mit kochendem Wasser füllen – so wird der Auflauf cremiger. Die Form mit Alufolie abdecken und 25 Minuten backen.

Die Folie entfernen und weitere 15–20 Minuten backen, bis sich eine goldbraune Kruste bildet und die Mandeln gebräunt sind (ein Messer, das hineingestochen wird, sollte sauber bleiben). Etwas abgekühlt oder bei Raumtemperatur in Stücke geschnitten servieren.

Blutorangen-Sorbet

Für 6–8 Personen

25 Minuten, plus 7–8 Stunden 30 Minuten Gefrierzeit, 5–10 Minuten Antauzeit

15 Minuten

8–10 Blutorangen
1 Zitrone
175 g Zucker
300 ml Wasser
1–2 EL Campari oder Orangenlikör (nach Belieben)
2 Eiweiß

Granitas (Sorbets) und Wassereis sind sehr erfrischend und deshalb besonders in der jüdischen Küche Südeuropas, Nordafrikas und Indiens beliebt. Da sie weder Milch noch Sahne enthalten, können sie auch nach Fleischspeisen serviert werden.

Mit einem Gemüseschäler 2 Orangen und die Zitrone schälen. Die Schale mit Zucker und Wasser in einen mittelgroßen Topf geben.

Bei starker Hitze zum Kochen bringen. Umrühren, bis sich der Zucker aufgelöst hat. Die Hitze reduzieren und ohne Rühren 10 Minuten köcheln lassen, dann vom Herd nehmen und abkühlen lassen.

Alle Orangen auspressen (ergibt 350 ml) und den Saft zum Zuckerwasser geben, dann die Zitrone auspressen und den Saft mit dem Campari, falls verwendet, in das Zuckerwasser einrühren. Durch ein Sieb seihen, die Schalen entfernen und in einen flachen Plastikbehälter füllen. 3–4 Stunden anfrieren lassen.

Aus dem Eisfach nehmen. Mit einem Messer die angefrorene Mischung in Stücke schneiden und in einen Mixer geben. 45 Sekunden mixen, bis die Mischung locker und cremig ist. Die Masse wieder in den Behälter geben, glatt streichen und weitere 1½ Stunden einfrieren.

In einer kleinen Schüssel das Eiweiß steif schlagen. Das Sorbet aus dem Eisfach nehmen, in Stücke schneiden und 45 Sekunden im Mixer pürieren, dann das Eiweiß zugeben und gut mischen. Nochmals mindestens 3 Stunden ins Eisfach stellen, bis die Mischung fest ist. 5–10 Minuten vor dem Servieren im Kühlschrank antauen lassen.

Im Ofen gebackene Quitten

Für 8–10 Personen

15 Minuten, plus 30 Minuten Kühlzeit

40–45 Minuten

- 280 g Zucker, plus etwas mehr zum Bestreuen
- 1 Zimtstange
- Schale von 1 Zitrone
- 700 ml Wasser
- 5–10 Tropfen Vanillearoma
- 4 Quitten, gut gewaschen
- frisch gepresster Saft von 3–4 Zitronen
- Rosenwasser oder Orangenblütenwasser (nach Belieben)
- Crème fraîche oder Joghurt, zum Servieren

Vor allem in der spanisch-jüdischen Küche finden die aus Arabien kommenden Quitten eine vielfältige Verwendung: Sie werden zu Quittengelee und Quittenmus verarbeitet oder auch eingelegt. Quitten sind roh ungenießbar und müssen lange gegart werden, doch der Aufwand lohnt sich.

Zucker, Zimtstange, Zitronenschale und Wasser in einem großen Edelstahltopf bei starker Hitze zum Kochen bringen. Ab und zu umrühren, damit sich der Zucker auflöst. 5 Minuten kochen lassen, bis die Sauce etwas eingedickt ist. Vom Herd nehmen und etwas abkühlen lassen. Das Vanillearoma einrühren.

Die Quitten längs halbieren, Enden abschneiden und mit einem Teelöffel oder Melonenausstecher entsteinen. Die Hälften in eine Schüssel legen und mit dem Zitronensaft übergießen, damit sie sich nicht verfärben.

Die Quitten mit dem Zitronensaft in den Zuckersirup geben und abgedeckt 20–25 Minuten kochen, bis sie gar sind (sie sollten sich mit einem Messer leicht anschneiden lassen). Den Backofen auf 230 °C vorheizen.

Die Quitten in eine mittelgroße Auflaufform legen, mit dem Sirup übergießen und mit etwas Zucker bestreuen.

10 Minuten backen, bis der Zucker karamellisiert und die Früchte gebräunt sind. Aus dem Ofen nehmen und auf Raumtemperatur abkühlen lassen. Nach Belieben mit Rosenwasser besprenkeln und mit Crème fraîche oder Joghurt servieren.

Exotischer Fruchtsalat

Für 6–8 Personen

20–25 Minuten

10 Minuten

- 1 große Mango
- 1 Papaya
- 3 Sharonfrüchte
- 300 g Litschis, geschält und entkernt
- 150 g Kumquats, halbiert
- 4 Kiwi, geschält und quer in Scheiben geschnitten
- 4 reife Passionsfrüchte
- 250 g kernlose rote oder grüne Trauben (große Früchte halbiert)
- 150 g Medjool-Datteln, entsteint und halbiert

Sirup

- 2–3 EL Honig
- 125 ml Wasser
- abgeriebene Schale und Saft von 1 Zitrone oder Orange
- 4–6 frische Minzezweige, plus etwas mehr Blätter zum Dekorieren
- 10 Tropfen Vanillearoma

Früchte gelten seit biblischen Zeiten als Geschenk der Natur. Heute erstrecken sich riesige Obstplantagen über ganz Israel. Das Land zählt inzwischen zu den größten Fruchtexporteuren und verfügt über ein riesiges Angebot an frischen und getrockneten Früchten.

Für den Sirup Honig, Wasser und Zitronenschale und -saft in einen kleinen Topf geben. Die Minzezweige zerdrücken, damit sie ihr Aroma entfalten, und zugeben. Bei starker Hitze zum Kochen bringen, dann die Hitze reduzieren und 5 Minuten köcheln lassen, bis der Sirup leicht eindickt. Vom Herd nehmen und etwas abkühlen lassen. Das Vanillearoma einrühren.

Mit einem scharfen Messer die Mango auf beiden Seiten längs einschneiden und den Stein entnehmen. Die Mangohälften schälen, in feine Streifen schneiden und in die Schüssel geben.

Die Papaya längs halbieren und mit einem Löffel die Kerne entfernen. Die Papayahälften schälen, in Scheiben schneiden und in die Schüssel geben. Bei den Sharonfrüchten den Stängelansatz entfernen und die Früchte längs halbieren. Mit der Schnittfläche nach unten auf ein Brett legen und in dünne Scheiben schneiden. In die Schüssel geben.

Litschis, Kumquats und Kiwis zugeben und den Sirup darüber gießen. Gut mischen.

Die Passionsfrüchte halbieren, das Fleisch mit den schwarzen Samen herauslöffeln und in die Schüssel geben. Die Trauben darauf verteilen und den Früchtesalat mit den Dattelhälften garnieren. Bis zum Servieren abgedeckt in den Kühlschrank stellen. Mit Minzeblättern dekorieren.

Kompott aus Trockenfrüchten

Für 8 Personen

10 Minuten, plus 3–4 Stunden 30 Minuten Kühlzeit

20–25 Minuten

- 450 g entsteinte Trockenpflaumen
- 450 g getrocknete Aprikosen
- 200 g getrocknete Birnen
- 200 g getrocknete Apfelringe
- 120 g Rosinen oder Sultaninen
- 50 g Honig oder Zucker (nach Belieben)
- abgeriebene Schale und Saft von 1 Zitrone oder Orange
- 1 Zimtstange
- 15 Tropfen Vanillearoma
- 2 EL geröstete Mandelblättchen oder Pinienkerne, zum Dekorieren

Mit Trockenfrüchten konnte man während der langen Wintermonate den Vitamin- und Mineralstoffbedarf decken und einfache Speisen aufwerten. Trockenfrüchte werden häufig für Kuchen und Gebäck, aber auch für Obstsalat und Kompott verwendet.

Pflaumen, Aprikosen, Birnen, Apfelringe und Rosinen in einen großen Topf geben und großzügig mit Wasser bedecken.

Honig, Orangenschale und -saft sowie die Zimtstange zugeben und bei starker Hitze zum Kochen bringen. Schaum von der Oberfläche abschöpfen.

15 Minuten halb abgedeckt köcheln lassen, bis die Früchte aufquellen und weich sind. Den Topf vom Herd nehmen und das Vanillearoma einrühren.

Die Früchte mit einem Schaumlöffel aus dem Topf nehmen und in eine hitzebeständige Schüssel geben. Den Sirup im Topf aufkochen und eindicken lassen, dann über die Früchte gießen und abkühlen lassen.

Abgedeckt 3–4 Stunden oder über Nacht in den Kühlschrank stellen. Geröstete Mandeln oder Pinienkerne darüber streuen und kalt servieren.

Tipp

Als Kochflüssigkeit kann Wein, Wasser, Tee oder Obstsaft verwendet werden. Das Kompott schmeckt gut mit Vanilleeis, aber auch mit Naturjoghurt zum Frühstück.

Lekach – Honigkuchen

Ergibt 18–24 Scheiben

25 Minuten

50 Minuten bis 1 Stunde

280 g Mehl, plus etwas mehr zum Bestäuben
2 TL Backpulver
½ TL Natriumbikarbonat
¼ TL Salz
1 TL gemahlener Zimt
¼ TL gemahlene Nelken
2 Eier
200 g Zucker
125 ml Öl, plus etwas mehr zum Einölen
250 g Waldhonig, plus 2 EL mehr
2 EL Rum, Brandy oder Whisky
125 ml starker, schwarzer Kaffee
abgeriebene Schale von 1 Orange
50 g Walnüsse, Pekannüsse oder Mandeln, grob gehackt
50 g Sultaninen oder Rosinen
50 g eingelegte Ingwerwurzel aus der Dose, gehackt
Puderzucker, zum Bestäuben

Dieser würzige Honigkuchen geht vermutlich auf Lebkuchen zurück. In der jüdischen Küche wird er zu allen festlichen Anlässen und traditionell zu Neujahr serviert. Der Honig symbolisiert die „Hoffnung auf ein süßes neues Jahr".

Den Backofen auf 180 °C vorheizen. Zwei 25 cm x 15 cm große Kuchenformen einölen, den Boden mit Backpapier auslegen und dieses ebenfalls einölen. Mehl, Backpulver, Natriumbikarbonat, Salz, Zimt und Nelken in einer großen Schüssel mischen. Beiseite stellen.

Eier und Zucker in einer anderen großen Schüssel mit dem Handrührgerät 3–4 Minuten cremig rühren. Nach und nach Öl, Honig, Rum, Kaffee und Orangenschale zugeben und glatt rühren.

Die Mehlmischung zu der Eimischung geben und alles zu einem glatten Teig verrühren. Nüsse, Sultaninen und Ingwer in eine kleinen Schüssel geben und mit 1–2 Esslöffel Mehl bestäuben und dann zum Teig geben.

Den Teig gleichmäßig auf beide Kuchenformen verteilen und die Oberflächen glätten. Beide Formen leicht auf die Arbeitsfläche schlagen, damit Luftblasen entweichen können. 50 Minuten bis 1 Stunde backen, bis ein Holzstäbchen, das man in den Kuchen sticht, sauber bleibt.

Auf einem Kuchengitter 10 Minuten abkühlen lassen, dann mit einem scharfen Messer die Kuchenränder von der Form lösen. Ganz abkühlen lassen. Die Kuchen auf ein Gitter stürzen und umdrehen. Mit Puderzucker bestäuben und in Scheiben geschnitten servieren.

Tipp

Den Kuchen 2–3 Tage im Voraus zubereiten – so kann sich das Aroma der Gewürze voll entfalten.

Apfelkuchen

Für 6–8 Personen

25 Minuten

1 Stunde 30 Minuten

- 225 g Mehl
- 1 TL Zimt
- 2 TL Backpulver
- 140 g weiche Margarine, plus etwas mehr zum Einfetten
- 140 g Zucker, plus etwas mehr zum Bestreuen und Süßen (nach Belieben)
- 2 Eier, verquirlt
- 5 Tropfen Vanillearoma
- 1 kg (4 große) säuerliche Äpfel, geschält, geviertelt, entkernt und in dünne Scheiben geschnitten
- abgeriebene Schale und Saft von 1 Zitrone
- Mandelblättchen, zum Bestreuen
- geschlagene Sahne, zum Servieren (nach Belieben)

Apfelkuchen ist sehr typisch für die aschkenasische Küche. An Chanukka (dem Lichterfest) wird er mit Öl zubereitet, da Öl das Wunder dieses Tages symbolisiert. Hier wird Margarine verwendet – so bleibt der Kuchen schön saftig und leicht.

Den Backofen auf 160 °C vorheizen. Eine Springform von 20 cm Durchmesser einfetten und mit Backpapier auslegen. Mehl, die Hälfte des Zimts und Backpulver in eine Schüssel geben.

Margarine und Zucker in einer anderen Schüssel 3 Minuten schaumig schlagen. Nach und nach die Eier unterrühren. Binden die Zutaten nicht ausreichend, etwas von der Mehlmischung zufügen. Das Vanillearoma zugeben und die Mehlmischung einrühren.

Die Äpfel in einer Schüssel mit Zitronenschale und -saft, restlichem Zimt und 1–2 Esslöffeln Zucker vermischen.

Ein Drittel des Teigs in die Kuchenform geben und gleichmäßig verstreichen. Die Hälfte der Äpfel darauf verteilen und mit einem weiteren Drittel des Teigs bedecken. Darauf die restlichen Äpfel legen und den restlichen Teig löffelweise dazwischen verteilen.

Mandeln und 1 Esslöffel Zucker darüber geben und 1¼–1½ Stunden backen. Wird die Oberfläche zu schnell braun, mit Alufolie abdecken oder die Hitze etwas reduzieren. Auf einem Kuchengitter 10 Minuten abkühlen lassen. Mit einem scharfen Messer den Kuchen vom Rand lösen, dann die Springform öffnen. Abkühlen lassen und mit einem Löffel Sahne servieren.

Tipp

Wer den säuerlichen Apfelgeschmack mag, kann den Zucker weglassen. Bei diesem Kuchen kann man keine Garprobe mit dem Messer oder dem Holzstäbchen machen, da der Teig durch die Äpfel sehr feucht bleibt.

Schokoladen-Biskuitrolle für Pessach

Für 8–10 Personen

40 Minuten, plus 30 Minuten Kühlzeit

15 Minuten

- *parve* (neutrale) Margarine, zum Einfetten
- 200 g Zartbitterschokolade, gehackt
- 4 EL starker schwarzer Kaffee, Orangensaft oder Wasser
- 6 Eier, getrennt
- 50–80 g Zucker (nach Belieben)
- 2 Tropfen Vanillearoma
- Kakaopulver, zum Bestäuben
- 250 g Aprikosen- oder Himbeermarmelade
- Puderzucker, zum Bestäuben

Schokoladenkuchen und -desserts haben in der jüdischen Küche eine lange Tradition, da jüdische Kauflaute bereits früh am Kakaohandel und an der Schokoladeherstellung beteiligt waren.

Den Backofen auf 180 °C vorheizen. Ein ca. 40 cm x 25 cm großes Backblech mit Backpapier auslegen und dieses einfetten. Die Schokolade mit dem Kaffee in einem kleinen Topf langsam zerlassen und glatt rühren.

Eigelb, die Hälfte des Zuckers und Vanillearoma in einer großen Schüssel 5–7 Minuten schlagen, bis die Masse glatt und dickflüssig ist und Fäden zieht. Einen Löffel der Masse unter die Schokolade ziehen, dann die Schokolade in die Eimischung rühren.

Das Eiweiß in einer großen Schüssel halb steif schlagen. Nach und nach den Zucker zugeben, bis das Eiweiß ganz steif ist. Einen Löffel davon in die Schokolademischung rühren, dann diese unter die restliche Eiweißmasse heben. In die Form geben und gleichmäßig verteilen. 15 Minuten backen. Der Biskuitboden sollte nachgeben, wenn man mit dem Finger auf den Boden drückt.

Ein Stück Backpapier, das etwas größer als das Backblech ist, auf die Arbeitsfläche legen und mit Kakaopulver bestäuben. Den Kuchen auf das Papier stürzen und das Backpapier vom Biskuitboden abziehen. Den Biskuitboden mit dem Papier zusammen vom schmalen Ende her einrollen und auf dem Kuchengitter abkühlen lassen.

Sobald er abgekühlt ist, aufrollen und mit der Marmelade bestreichen, dabei einen Rand von 3 cm frei lassen. Den Biskuitboden wieder einrollen, mit Puderzucker bestäuben und auf eine Servierplatte legen.

Tipp

Sie können die Biskuitrolle auch mit geschlagener Sahne oder mit Buttercreme füllen. Buttercreme nach Packungsanleitung zubereiten.

Orangen-Zitronen-Plava

Für 6–8 Personen

30 Minuten, plus 30 Minuten Kühlzeit

35–40 Minuten

parve (neutrale) Margarine, zum Einfetten

6 Eier, getrennt

225 g Zucker

25 g feines Matzenmehl

175 g gemahlene Mandeln oder Kartoffelmehl

abgeriebene Schale und Saft von 1 Zitrone

abgeriebene Schale und Saft von 1 Orange

2 Tropfen Bittermandelaroma

Mandelblättchen, zum Dekorieren

450 g Puderzucker

Der Plava (Biskuitkuchen) ist einer der großen sephardischen Beiträge nicht nur zur jüdischen Küche. Mit Weizenmehl statt Mandeln und Kartoffelmehl erhält man einen wunderbar leichten Biskuitkuchen.

Den Backofen auf 180 °C vorheizen. Eine Springform von 23 cm Durchmesser einfetten. Das Eigelb mit der Hälfte des Zuckers in einer großen Schüssel 5 Minuten schlagen, bis die Masse cremig ist und Fäden zieht.

Das Eiweiß in einer anderen großen Schüssel halb steif schlagen. Nach und nach den restlichen Zucker unterrühren, bis das Eiweiß steif ist.

Matzenmehl, Mandeln und Zitronen- sowie Orangenschale in einer Schüssel mischen. Matzenmehlmischung und Eiweiß abwechselnd unter das Eigelb rühren, dann das Mandelaroma zugeben. Den Teig in die Springform füllen und mit Mandelblättchen bestreuen.

35–40 Minuten backen, bis die Oberfläche goldbraun ist und die Ränder sich von der Form lösen. Auf ein Kuchengitter stellen und 5 Minuten abkühlen lassen. Mit einem scharfen Messer den Kuchen von der Form lösen, dann die Springform öffnen. Abkühlen lassen.

Den Puderzucker in eine mittelgroße Schüssel sieben. Zitronen- und Orangensaft zugeben und glatt rühren. Die Glasur über den Kuchen gießen (sie darf ruhig an den Seiten herabtropfen). Am besten schmeckt der Kuchen, wenn er noch am gleichen Tag gegessen wird.

Käsekuchen

nach New Yorker Art

Für 10–12 Personen

25 Minuten, plus 8 Stunden Kühlzeit

50–55 Minuten

12–14 Vollkornkekse oder Pfeffernüsse

½ TL gemahlener Zimt

2–3 EL Butter oder Margarine, zerlassen, plus etwas mehr zum Einfetten

675 g Quark

175 g Zucker

abgeriebene Schale von 1 Zitrone oder Orange

10 Tropfen Vanillearoma

3 Eier

Erdbeeren, halbiert, oder Himbeeren, zum Dekorieren (nach Belieben)

Glasur

225 g saure Sahne

2 EL Zucker

5 Tropfen Vanillearoma

Das Rezept für diesen Käsekuchen, der heute in allen New Yorker Feinkostgeschäften angeboten wird, stammt aus Mittel- und Osteuropa. Vermutlich liegen seine Ursprünge in der russischen Osterspeise „Paschka", die aus Hüttenkäse, Butter, saurer Sahne, Eiern, Zucker und kandierten Früchten besteht.

Den Backofen auf 180 °C vorheizen. Eine Springform von 23 cm Durchmesser einfetten. Die Kekse in Stücke brechen und in der Küchenmaschine zu feinen Bröseln mahlen. Zimt und Butter zugeben und gut mischen. Die Masse auf dem Boden sowie am Rand der Kuchenform 4 cm hoch verstreichen. 5 Minuten backen, dann auf ein Kuchengitter stellen.

Den Quark mit dem Handrührgerät in einer Schüssel glatt rühren, dann den Zucker unterrühren. Zitronenschale und Vanillearoma zugeben. Die Eier nacheinander unterschlagen und glatt rühren. Die Masse auf dem Kuchenboden verteilen.

40–45 Minuten backen, bis die Quarkmasse am Rand stockt, in der Mitte aber noch weich ist. Wird sie braun, die Hitze reduzieren. Den Kuchen aus dem Ofen nehmen und auf ein Kuchengitter stellen.

Die Temperatur auf 220 °C erhöhen. Für die Glasur alle Zutaten in einer kleinen Schüssel verrühren und die Masse gleichmäßig auf dem Kuchen verteilen. 5 Minuten backen. Mit einem scharfen Messer den Kuchen vom Rand lösen, dann aus der Springform nehmen. Auf einem Kuchengitter abkühlen lassen. Über Nacht in den Kühlschrank stellen.

Den Kuchen auf eine Servierplatte stellen und mit den Erdbeeren oder Himbeeren garnieren.

Tipp

Nach dem Backen der Glasur den Kuchen sofort mit einem scharfen Messer vom Rand lösen, damit die Glasur keine Risse bekommt.

Reispudding mit Rosinen

Für 6 Personen

15 Minuten, plus 4 Stunden 30 Minuten Einweich- & Kühlzeit

55 Minuten

Salz

150 g Milchreis oder Risottoreis, z. B. Arborio

800 ml Milch

2 Vanilleschoten, aufgeschnitten

125 g Zucker, plus etwas mehr zum Bestreuen

80 g Rosinen, in 90 ml Rum eingeweicht

2 Eigelb

Reispudding ist in der gesamten jüdischen Küche ein sehr beliebtes Dessert. In der sephardischen Küche Spaniens wird er gern mit Vanille oder Zimt aromatisiert, im Orient mit Rosenwasser und im Iran mit Safran sowie Kardamom verfeinert.

Salzwasser in einem mittelgroßen Topf bei starker Hitze zum Kochen bringen. Den Reis hineingeben, 5 Minuten bei geringer Hitze köcheln lassen, dann abgießen.

In einem anderen Topf die Milch erwärmen. Reis und Vanilleschoten zugeben und 25 Minuten köcheln lassen, bis der Reis gar ist (es dürfte noch reichlich Milch vorhanden sein). Zucker und Rosinen mit Rum zugeben und 5 Minuten mitkochen, bis sich der Zucker aufgelöst hat. Vom Herd nehmen.

Den Backofen auf 180 °C vorheizen. In einer kleinen Schüssel das Eigelb verquirlen, ein wenig Milchreis darunter mischen, dann die Eimischung in den Reis rühren.

Alles in eine eingefettete Auflaufform geben und 15 Minuten backen, bis die Masse anfängt zu stocken.

Den Pudding gleichmäßig mit Zucker bestreuen. Auf der obersten Einschubleiste unter dem vorgeheizten Backofengrill 1–2 Minuten backen, bis der Zucker karamellisiert. Vor dem Servieren auf Raumtemperatur abkühlen lassen oder abgedeckt 4 Stunden in den Kühlschrank stellen.

Mandelmakronen

Ergibt 16–18 Stück

20 Minuten

10–12 Minuten

200 g gemahlene Mandeln
140 g Zucker
1 Eiweiß
2 Tropfen Bittermandelaroma

Die aus Mandeln, Zucker und Eiweiß bestehenden Mandelmakronen sind schnell und leicht zu machen. Sie werden vor allem zum Pessachfest serviert, da sie neutral sind und dewegen sowohl nach Fleisch- als auch nach Milchspeisen gegessen werden können.

Tipp

Mandeln sind gemahlen und abgepackt im Handel erhältlich, doch entfaltet sich ihr Aroma viel besser, wenn sie erst vor der Verwendung (nicht zu fein) gemahlen werden, z. B. in der Küchenmaschine.

Den Backofen auf 180 °C vorheizen. Gemahlene Mandeln und Zucker in eine mittelgroße Schüssel geben.

Mit einer Gabel oder einem Schneebesen Eiweiß und Mandelaroma halb steif schlagen. Nach und nach die Mandeln mit dem Zucker einrühren, bis eine relativ feste Masse entsteht. Eventuell nicht das gesamte Eiweiß verwenden, da die Masse nicht zu flüssig sein darf.

Die Masse in kleine Papierbackförmchen löffeln oder zu Kugeln formen und in die Förmchen legen. Diese auf ein Backblech stellen. Mit einer angefeuchteten Gabel die Masse flach drücken. Man kann auch mit einem Löffel kleine Häufchen im Abstand von 2 cm direkt auf Backpapier oder ein gefettetes Backblech setzen.

10–12 Minuten backen, bis die Makronen außen leicht gebräunt (sie dürfen nicht zu dunkel werden), innen aber noch weich sind. Mit dem Backpapier zum Abkühlen auf ein Kuchengitter setzen. Kalt werden lassen und in einem luftdichten Behälter aufbewahren.

Mamoul – Dattelschiffchen

Ergibt 24 Stück

30 Minuten

20–25 Minuten

Teig

175 g Mehl

2 EL Zucker

90 g Butter oder Margarine, plus etwas mehr zum Einfetten

1 EL Rosen- oder Orangenblütenwasser

2–3 EL Milch

Puderzucker, zum Bestäuben

Dattelfüllung

100 g entsteinte getrocknete Datteln, klein gewürfelt

1–2 EL Rosen- oder Orangenblütenwasser

Dieses köstliche Gebäck ist eine Spezialität der sephardischen Küche von Südeuropa bis Nordafrika, wobei man die raffinierteste Variante in Marokko findet. Für die Füllung kann man Walnüsse, Pistazien oder wie hier Datteln verwenden.

Den Backofen auf 160 °C vorheizen. Ein großes Backblech einfetten. Für die Füllung die Datteln mit dem Rosenwasser im Mixer pürieren. Bei laufender Maschine 1–2 Esslöffel Wasser zugeben, bis eine weiche Paste entsteht. In eine Schüssel geben und kalt stellen.

Für den Teig Mehl und Zucker in einer großen Schüssel mischen. Die Butter in kleine Stücke schneiden und zum Mehl geben; mit den Fingern einarbeiten, bis feine Krümel entstehen. Rosenwasser und 2 Esslöffel Milch zugeben und alles zu einem weichen Teig verarbeiten. Falls nötig, noch etwas Milch zugeben, doch darf der Teig nicht zu klebrig werden. Zu einer Kugel formen. Aus kleinen Teigstückchen 3 cm große Bällchen rollen.

In jedes Bällchen mit dem Finger eine Vertiefung drücken und die Füllung hineingeben. Den Teig über der Füllung schließen und die Ränder gut andrücken.

Die gefüllten Bällchen im Abstand von 3 cm auf ein Backblech legen, zu Ovalen ausziehen und mit einer Pinzette dreimal einstechen. 20–25 Minuten backen, bis sie leicht gebräunt, aber noch weich sind.

Auf ein Kuchengitter legen und 10 Minuten abkühlen lassen. Mit Puderzucker bestäuben, abkühlen lassen und nochmals bestäuben. Überschüssigen Zucker abschütteln, dann in einem luftdichten Behälter aufbewahren. Nicht stapeln.

Teiglach

Teigbällchen mit Honigkruste

Ergibt ca. 35 Stück

25 Minuten, plus 30 Minuten Kühlzeit

1 Stunde 30 Minuten

Teig

280 g Mehl, eventuell etwas mehr
½ TL Backpulver
½ TL gemahlener Ingwer
¼ TL Salz
3 Eier
2 Eigelb
2 EL Öl, plus etwas mehr zum Einfetten
90–110 g gehackte Walnüsse und/oder Sesamsaat

Sirup

450 g Blütenhonig
abgeriebene Schale von 1 Zitrone (nach Belieben)
1 TL gemahlener Ingwer

Diese „kleinen Teigstückchen" sind eine beliebte aschkenasische Süßspeise, die an Rosch ha-Schana (dem Jüdischen Neujahr) serviert wird. Traditionell werden die Teiglach zu einer Pyramide aufgeschichtet, wobei der Honig die Bällchen zusammenhält.

Tipp

Man kann die Teigbällchen auch erst bei 180 °C im Ofen backen, bevor man sie in den Honig gibt, allerdings werden sie dann etwas zäher. In einem luftdichten Behälter aufbewahren. Nicht stapeln.

Für den Teig Mehl, Backpulver, Ingwer und Salz in einer großen Schüssel mischen und eine Vertiefung in die Mitte drücken. Eier, Eigelb und Öl in einer kleinen Schüssel verquirlen und in die Vertiefung gießen. Nach und nach das Mehl in die Eimischung einarbeiten, bis ein klebriger Teig entsteht. Auf eine bemehlte Arbeitsfläche legen und zu einem glatten, leicht elastischen Teig verkneten. Ist der Teig zu klebrig, noch etwas Mehl zugeben. Zu einer Kugel formen und eingewickelt 30 Minuten in den Kühlschrank legen.

Für den Sirup alle Zutaten in einem großen, tiefen Topf (damit nichts überkocht) zum Kochen bringen.

Den Teig in 6–8 Stücke teilen, jedes Stück zu einer 1 cm dicken Rolle ausrollen, und diese mit einem mit Mehl bestäubten Messer in 1 cm lange Stücke schneiden.

Zwei Stück Alufolie mit Öl einpinseln und auf die Arbeitsfläche legen. Die Teigstücke portionsweise im Honigsirup 15 Minuten ziehen lassen, bis sie goldbraun und gar sind. (Ist der Honig zu dickflüssig, mit etwas Wasser verdünnen.)

Walnüsse und nach Belieben Sesamsaat auf separate Teller geben. Mit einem Schaumlöffel die Teigbällchen aus dem Sirup nehmen, in den Nüssen und/oder der Sesamsaat wenden und auf die Alufolie legen.

Walnuss-Himbeer-Rugelach

Ergibt ca. 32 Stück

30 Minuten, plus 2 Stunden Kühlzeit

40 Minuten bis 1 Stunde

Quarkteig

350 g Mehl
½ TL Salz
½ TL Backpulver
1 EL Zucker
225 g weiche Butter
225 g Quark
5 EL saure Sahne
2 Tropfen Mandelaroma
Milch, zum Bestreichen
Mandelblättchen, zum Bestreuen

Füllung

250 g Himbeermarmelade
2 Tropfen Mandelaroma
100 g gehackte Mandeln oder Mandelblättchen

Diese halbmondförmigen Gebäckstücke zählen in den USA zum beliebtesten jüdischen Gebäck. „Rugelach" ist jiddisch und bedeutet „hornförmig". Die Hörnchen können unterschiedlich gefüllt sein, z. B. mit einer traditionellen Zimt-Nuss-Füllung, aber auch mit Schokolade, Aprikosen und Himbeeren.

Mehl, Salz, Backpulver und Zucker in einer Schüssel mischen. Mit einem Handrührgerät Butter und Quark glatt rühren, dann saure Sahne und Mandelaroma zugeben. Mit der Mehlmischung zu einem weichen Teig verarbeiten. Zu einer Kugel formen und diese flach drücken. In Folie schlagen und 2 Stunden in den Kühlschrank stellen, bis der Teig fest ist.

Den Backofen auf 180 °C vorheizen. Zwei große Backbleche einfetten. Für die Füllung Marmelade und Mandelaroma in einer kleinen Schüssel verrühren. Den Teig in vier Stücke schneiden. Die Stücke einzeln (die anderen währenddessen wieder kalt stellen) auf einer bemehlten Arbeitsfläche 3 mm dick ausrollen und mithilfe eines umgedrehten Tellers einen Kreis von 25 cm Durchmesser ausschneiden. Ein Viertel der Füllung darauf verteilen, dabei einen 2 cm breiten Rand frei lassen. Mit einem Viertel der Mandeln bestreuen und in 8 gleich große Keile schneiden.

Die Keile vom breiten Rand her aufrollen und im Abstand von 3 cm auf ein Backblech legen. Die Enden nach innen biegen, sodass Hörnchen entstehen. Mit Milch bestreichen und mit Mandelblättchen bestreuen. Kalt stellen, bis der ganze Teig verarbeitet ist. Portionsweise 20 Minuten backen, bis die Hörnchen goldbraun sind. Auf einem Kuchengitter abkühlen lassen.

Hamantaschen

Ergibt ca. 24 Stück

35–40 Minuten, plus 2–3 Stunden Kühlzeit

20–27 Minuten

Biskuitteig

- 140 g Butter oder Margarine, plus etwas mehr zum Einfetten
- 50 g Zucker
- 5 Tropfen Vanillearoma
- 1 Eigelb
- 2–3 EL Milch
- 250 g Mehl, plus etwas mehr zum Bestäuben
- 1 TL Backpulver
- ½ TL Salz
- 1 Ei, verquirlt, zum Bestreichen

Mohnfüllung

- 140 g Mohnsamen
- 125 ml Milch
- 2 EL Honig
- 50 g Zucker
- 100 g Rosinen
- 1 EL Butter
- abgeriebene Schale und 1 EL Saft von 1 Zitrone

Diese dreieckigen Taschen werden im Gedenken an den Sieg über den persischen Wesir Haman gebacken, der die Vernichtung aller Juden angeordnet hatte. Manche behaupten, die dreieckige Form sei von Hamans Hutform abgeleitet, einer anderen Deutung zufolge erinnern die mit Mohn gefüllten Taschen an die mit Bestechungsgeldern voll gestopften Taschen von Haman.

Für den Teig Butter und Zucker 3–4 Minuten mit dem Handrührgerät schaumig schlagen. Vanillearoma, Eigelb und Milch zugeben und glatt rühren. Mehl, Backpulver und Salz zugeben und gut mischen. Den Teig auf einer bemehlten Arbeitsfläche kneten, zu einer Kugel formen, flach drücken und in Frischhaltefolie wickeln. 2–3 Stunden kalt stellen.

Den Backofen auf 190 °C vorheizen. Zwei große Backbleche einfetten. Für die Füllung Mohn, Milch, Honig, Zucker, Rosinen und Butter in einen mittelgroßen Topf geben und 5 Minuten köcheln lassen, bis eine cremige Masse entsteht. Häufig umrühren, damit sie nicht am Topfboden anhaftet. Vom Herd nehmen. Zitronenschale und -saft zugeben.

Den Teig halbieren und eine Hälfte wieder in den Kühlschrank geben. Die andere Hälfte auf einer bemehlten Arbeitsfläche 3 mm dick ausrollen und mit einem runden Ausstecher 5–7,5 cm große Platten ausstechen. Teigreste wieder verkneten und weiter verarbeiten.

Die Ränder der Teigplatten mit Wasser bestreichen. 1 Teelöffel Füllung in die Mitte der Platten geben und etwas flach drücken. Die Ränder so zusammendrücken, dass ein oben offenes Dreieck entsteht. Die Dreiecke im Abstand von 3 cm auf die Backbleche setzen und mit Ei bestreichen. Die Hamantaschen 15–17 Minuten backen, bis sie goldbraun sind. Auf einem Kuchengitter abkühlen lassen.

Knuspriges Mandelbrot

Ergibt ca. 36 Scheiben

25 Minuten

45 Minuten

- 500 g Mehl
- 2 TL Backpulver
- ½ TL Salz
- 3 Eier
- 225 g Zucker
- 125 ml Öl, plus etwas mehr zum Einfetten
- abgeriebene Schale und 1 EL Saft von 1 Zitrone
- 2 Tropfen Bittermandelaroma
- 90 g Mandelsplitter oder Mandelblättchen

Das in Italien als biscotti alla Mandorla *bekannte Mandelbrot wurde vermutlich von spanischen Juden nach Italien mitgebracht, doch ist es auch hierzulande und in Holland bekannt. Mandelbrot eignet sich wunderbar zum Tunken in Tee oder Kaffee, aber auch in süßen Dessertwein.*

Den Backofen auf 180 °C vorheizen. Ein großes Backblech mit Öl einfetten. Mehl, Backpulver und Salz in einer mittelgroßen Schüssel mischen.

Mit einem Handrührgerät Eier und Zucker 3–5 Minuten schaumig schlagen. Nach und nach Öl, Zitronenschale und -saft sowie Mandelaroma unterrühren, dann die Mehlmischung und die Mandeln zugeben und alles verrühren, bis ein glatter Teig entsteht. Auf eine bemehlte Arbeitsfläche legen und kneten.

Den Teig halbieren. Aus jeder Hälfte einen langen, flachen Laib von 8 cm Breite und 4 cm Höhe formen. Auf das Backblech legen und 35 Minuten backen, bis die Mandelbrote goldbraun sind.

Auf einem Kuchengitter etwas abkühlen lassen, dann die Laibe auf einem Brett mit einem scharfen Messer vorsichtig in Scheiben schneiden (der Teig sollte innen noch weich sein), und diese auf zwei saubere, eingefettete Backbleche legen.

Die Scheiben auf jeder Seite 5 Minuten knusprig goldbraun backen. Zum Abkühlen auf ein Kuchengitter legen. In einem luftdichten Behälter aufbewahren.

Schnelle Kokosmakronen

Ergibt 28–30 Stück

20 Minuten

20 Minuten

4 Eiweiß
¼ TL Backpulver
225 g Zucker
2 TL frisch gepresster Zitronensaft
10 Tropfen Vanillearoma
225 g Kokosraspel

Zum Pessachfest werden Makronen aller Art gebacken. Sie sind außen knusprig, innen saftig weich und schnell gemacht. Besonders köstlich schmecken diese Kokosmakronen.

Tipp

Kokosrapsel kann man abgepackt im Supermarkt kaufen – sie lassen sich sehr gut verarbeiten.

Den Backofen auf 150 °C vorheizen. Zwei große Backbleche mit Backpapier auslegen. Das Eiweiß in einer großen Schüssel mit einem Handrührgerät schaumig schlagen.

Das Backpulver zugeben und das Eiweiß auf hoher Stufe nicht ganz steif schlagen, dann den Zucker löffelweise zugeben und unterrühren, bis das Eiweiß steif ist.

Vorsichtig Zitronensaft, Vanillearoma und Kokosraspel unter das Eiweiß heben. Im Abstand von 3 cm mit einem Löffel kleine, kegelförmige Häufchen der Kokosmasse auf die Backbleche setzen.

20 Minuten backen, bis sie sich goldbraun färben, aber innen noch weich sind. Die Backbleche 1–2 Minuten auf ein oder zwei Kuchengitter stellen, dann die Makronen mit dem Backpapier aufs Gitter ziehen und 5–7 Minuten abkühlen lassen. Vom Papier nehmen und auskühlen lassen.

Zimtplätzchen

Ergibt ca. 20 Stück

25 Minuten

10–12 Minuten

225 g gemahlene Mandeln
175 g Zucker
1 EL gemahlener Zimt
2 Eiweiß
⅛ TL Backpulver
140–150 g Puderzucker

Zimtplätzchen zählen zu den beliebtesten Pessach-Keksen. Da sie keine Butter enthalten, können sie auch nach einem Fleischgericht gegessen werden. Wie bei vielen Pessach-Keksen werden anstelle von Mehl gemahlene Nüsse verwendet, daher bleiben sie innen wunderbar weich.

Den Backofen auf 160 °C vorheizen. Ein Backblech einfetten. Gemahlene Mandeln, die Hälfte des Zuckers und Zimt in einer mittelgroßen Schüssel mischen.

Das Eiweiß in einer mittelgroßen Schüssel mit einem Handrührgerät schaumig rühren, das Backpulver zugeben und das Eiweiß auf hoher Stufe nicht ganz steif schlagen.

Nach und nach löffelweise den restlichen Zucker einrühren, bis das Eiweiß steif ist. Vorsichtig die Mandel-Zucker-Mischung unterheben.

Mit angefeuchteten Händen walnussgroße Bällchen formen und diese im Abstand von 3 cm auf das Backblech legen. 10–12 Minuten backen, nicht länger, sonst werden sie zu trocken. Auf einem Kuchengitter etwas abkühlen lassen.

Den Puderzucker in eine kleine Schale geben und die Zimtplätzchen darin wenden. Mit einer Gabel herausnehmen, überschüssigen Zucker abklopfen und zum Abkühlen auf das Kuchengitter legen. Falls nötig, noch etwas Zucker nachfüllen. Die erkalteten Plätzchen nochmals im Zucker wenden. In einem luftdichten Behälter aufbewahren.

Schokoladentorte

Für 18 Personen

25 Minuten

35–40 Minuten

- 200 g Zartbitterschokolade, in kleinen Stücken
- 140 g Butter oder *parve* (neutrale) Margarine, plus etwas mehr zum Einfetten
- 4 Eier
- 90 g Zucker
- 10 Tropfen Vanillearoma
- 120 g Pekannüsse, gemahlen
- 1–2 TL Zimt
- 24 Pekannusshälften, geröstet, zum Dekorieren

Schokoladen-Honig-Glasur

- 120 g Zartbitterschokolade, in kleinen Stücken
- 50 g Butter oder *parve* (neutrale) Margarine
- 2 EL Honig
- ½ TL gemahlener Zimt

Vermutlich ist es kein Zufall, dass Zartbitterschokolade in der jüdischen Küche so beliebt ist, denn sie ist parve. *Sie enthält weder Milch noch Sahne und kann deshalb für neutrale Kuchen, Mousse und Gebäck verwendet werden – solange man dabei ebenfalls auf Butter und Sahne verzichtet.*

Den Backofen auf 180 °C vorheizen. Eine Springform von 20 cm Durchmesser einfetten und den Boden mit Backpapier auslegen. Mit zwei Lagen Alufolie Boden und Seiten der Form von außen einwickeln.

Schokolade und Butter in eine hitzebeständige Schüssel geben und diese auf einen Topf mit siedendem Wasser setzen. Häufig rühren, bis die Schokolade geschmolzen und die Mischung glatt gerührt ist. Vom Herd nehmen. Eier, Zucker und Vanillearoma in einer großen Schüssel mit einem Handrührgerät 1–2 Minuten schaumig rühren. Die Schokoladenmischung unterrühren, dann Nüsse und Zimt zugeben. In die Form gießen.

Die Springform in eine Auflaufform stellen und die Auflaufform zur Hälfte mit kochendem Wasser füllen. 25–30 Minuten backen, bis der Rand fest, die Mitte aber noch weich ist. Die Torte aus der Auflaufform nehmen und die Folie entfernen. Auf einem Kuchengitter abkühlen lassen.

Für die Glasur alle Zutaten in eine hitzebeständige Schüssel geben und diese auf einen Topf mit siedendem Wasser setzen. Rühren, bis alle Zutaten geschmolzen sind. Vom Herd nehmen. Die Pekannusshälften in die Glasur tauchen und auf Backpapier legen. Die Torte aus der Form nehmen und mit der Glasur übergießen. Mit einem Messer Oberfläche und Seiten glätten. Mit den Pekannüssen verzieren und noch etwas ruhen lassen.

Frischer Obstkuchen

Für 8–12 Personen

25 Minuten

35–40 Minuten

Teig

350 g Mehl, plus etwas mehr zum Bestäuben

2 TL Backpulver

225 g Zucker

175 g weiche Butter oder Margarine, plus etwas mehr zum Einfetten

2 Eier, leicht verquirlt

125 ml Milch

5 Tropfen Vanillearoma

Belag

5–6 große Nektarinen, Pfirsiche (geschält) oder Äpfel, in Scheiben geschnitten, oder 675 g große, entsteinte Kirschen, halbiert

3 EL brauner Zucker

1 EL gemahlener Zimt

Dieser saftige, typisch deutsche Obstkuchen gelangte mit jüdischen Emigranten nach Amerika. Heute ist der Kuchen dort in vielen Bäckereien und Konditoreien zu finden.

Den Backofen auf 190 °C vorheizen. Ein ca. 23 cm x 23 cm x 5 cm großes Kuchenblech einfetten, mit Backpapier auslegen und auch dieses einfetten. Mit etwas Mehl bestäuben.

Für den Teig Mehl, Backpulver und Zucker in einer großen Schüssel mischen. Butter, Eier, Milch und Vanillearoma zugeben und alles glatt rühren. Den Teig gleichmäßig auf dem Kuchenblech verteilen.

Für den Belag die Obstscheiben dachziegelförmig auf den Boden schichten und leicht andrücken. Braunen Zucker und Zimt in einer kleinen Schüssel mischen und über die Früchte streuen.

35–40 Minuten backen, bis eine goldbraune Kruste entsteht und sich die Kuchenränder vom Blech lösen.

Auf einem Kuchengitter 3 Minuten abkühlen lassen, dann den Kuchen vorsichtig mit dem Backpapier aus dem Blech nehmen. Auf Raumtemperatur abkühlen lassen und in Quadrate schneiden.

Spanischer Mandelkuchen mit Orangensirup

Für 12–14 Personen

30 Minuten, plus 8 Stunden Einweichzeit

1 Stunde

Teig

- Butter oder *parve* (neutrale) Margarine, zum Einfetten
- Mehl, zum Bestäuben
- 8 Eier, getrennt
- 200 g Zucker
- abgeriebene Schale und Saft von 2 Orangen (den Saft für den Sirup aufbewahren)
- 2 TL gemahlener Zimt
- ¼ TL gemahlene Nelken
- 125 g gemahlene Mandeln
- 100 g Mandeln, abgezogen und fein gehackt
- 5 Tropfen Vanillearoma
- 2 Tropfen Bittermandelaroma
- ¼ TL Backpulver
- Orangenspalten, zum Servieren (nach Belieben)

Sirup

- 600 ml Orangensaft (inklusive dem frisch gepressten Saft)
- 200 g Zucker

Zum kulinarischen Repertoire der alten spanisch-jüdischen Kultur zählen köstliche, raffinierte, oft mit Orangen aromatisierte Kuchen. Viele jüdische Kaufleute waren im Orangenhandel tätig.

Tipp

Der Orangensirup sickert in den Kuchen ein, bis dieser vom Sirup durchtränkt ist. Den restlichen Sirup in Abständen darüber löffeln und jeweils einziehen lassen. Wer mag, kann den Kuchen mit Orangenspalten servieren.

Den Backofen auf 180 °C vorheizen. Eine runde Kuchenform von 25 cm Durchmesser einfetten, den Boden mit Backpapier auslegen und auch dieses einfetten. Mit Mehl bestäuben. Eigelb, drei Viertel des Zuckers, Orangenschale, Zimt und Nelken in einer Schüssel 2 Minuten mit dem Handrührgerät rühren, dann Mandeln, Mandel- und Vanillearoma zugeben.

Das Eiweiß in einer weiteren großen Schüssel mit dem gereinigten Rührgerät auf mittlerer Stufe schaumig rühren, Backpulver zugeben, dann auf höchster Stufe nicht ganz steif schlagen. Nach und nach den restlichen Zucker unterrühren, bis das Eiweiß steif ist. Erst einen Löffel, dann den Rest unter die Eigelbmischung heben. Den Teig in die Kuchenform füllen.

1 Stunde backen, bis sich eine goldbraune Kruste bildet und der Rand sich von der Form löst. Auf ein Kuchengitter stellen und mit einem Spieß mehrfach einstechen. Aus der Form nehmen, Papier entfernen und wieder in die Form geben. Kuchengitter mit der Form über ein Backblech stellen.

Orangensaft und Zucker in einem Topf unter Rühren 5 Minuten kochen, Schaum von der Oberfläche abschöpfen. Etwas abkühlen lassen, dann den Sirup über den Kuchen löffeln und über Nacht einziehen lassen.

Zimt-Streuselkuchen

Für 10–12 Personen

30 Minuten

50–55 Minuten

Streusel

100 g Pekannüsse oder Walnüsse, gehackt

1–2 TL gemahlener Zimt

3–4 EL Zucker

Kuchen

225 g Mehl

1½ TL Backpulver

½ TL Natriumbikarbonat

120 g weiche Butter oder Margarine, plus etwas mehr zum Einfetten

120 g Zucker

3 Eier, leicht verquirlt

350 g saure Sahne

5 Tropfen Vanillearoma

Puderzucker, zum Bestäuben

Rührkuchen dieser Art, die zum Kaffee serviert werden, gelangten mit der jüdischen Küche aus Deutschland und Österreich nach Amerika – zusammen mit Strudel, Rugelach und Meringen.

Den Backofen auf 180 °C vorheizen. Eine Kuchenform von 25 cm Durchmesser mit gewelltem Rand einfetten. Die Streuselzutaten in einer kleinen Schüssel mischen. Mehl, Backpulver und Natriumbikarbonat in eine mittelgroßen Schüssel geben.

Butter und Zucker mit dem Handrührgerät in einer großen Schüssel auf niedriger Stufe verrühren, dann auf mittlerer Stufe 2 Minuten schaumig schlagen. Nach und nach je 1 Löffel verquirltes Ei zugeben und glatt rühren.

Mehlmischung und saure Sahne abwechselnd zugeben und einrühren, dann das Vanillearoma zufügen. Nicht zu lange rühren. Etwas mehr als ein Drittel des Teigs in die Form geben, gleichmäßig verteilen. Die Hälfte der Streuselmischung darauf verstreichen. Mit den restlichen zwei Drittel des Teigs und der Streuselmischung nochmals abwechselnd zwei Lagen schichten, mit Teig abschließen. Die Form leicht auf die Arbeitsfläche schlagen, damit Luftbläschen entweichen.

50–55 Minuten backen, bis eine goldbraune Kruste entsteht und an einem Messer, das man in den Kuchen sticht, kein Teig mehr haften bleibt. Auf ein Kuchengitter stellen und 5–7 Minuten abkühlen lassen. Den Kuchen mit einem Messer vom Rand lösen, vorsichtig herausnehmen und auf das Gitter stellen. Mit Puderzucker bestäubt bei Raumtemperatur servieren.

Brot & Backwaren

Heute sind in Bäckereien, Supermärkten und Feinkostgeschäften unzählige Brotsorten und -spezialitäten aus der ganzen Welt erhältlich, so auch köstliche traditionelle Brotsorten aus der jüdischen Küche wie z. B. Bagels. Es besteht kaum noch Bedarf, selbst zu backen.

In der jüdischen Kultur kommt dem Backen von Broten und Gebäck aber eine besondere symbolische Bedeutung zu, denn die Zubereitung von Backwaren erinnert daran, wie wichtig Hefe und Mehl sind. Zugleich ist Brot seit jeher eines der wichtigsten Grundnahrungsmittel.

In der aschkenasischen Küche backt man dunkles Brot, die Sepharden bevorzugen hingegen helles Fladenbrot – alle Brotsorten werden aber gern gefüllt gegessen. Sandwiches werden meist mit Pumpernickel und Roggenbrot zubereitet, und auch gefülltes Pita-Brot ist sehr beliebt, während Challah nur am Sabbat gegessen wird.

Die Ursprünge der Brote und Backwaren sind in verschiedenen Ländern zu suchen. Oftmals verraten die Namen, woher sie stammen: Strudel kommt natürlich aus Österreich und Ungarn, Obst-Tartes stammen aus Frankreich, während Baklava aus dem Orient kommt.

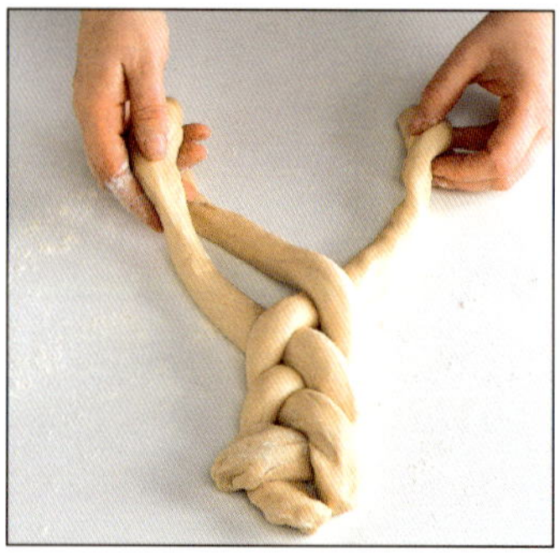

Challah

Ergibt 2 Zöpfe

30–40 Minuten, plus 10 Stunden Ruhezeit

40 Minuten

- 2½ TL Trockenhefe
- 2 EL Zucker
- 250 ml lauwarmes Wasser
- 675 g Mehl, plus etwas mehr zum Bestreuen
- 1 TL Salz
- 6 EL Öl, plus etwas mehr zum Einölen
- 2 ganze Eier und 1 Eigelb verquirlt
- 1 Ei mit ¼ TL Salz verquirlt, zum Bestreichen
- Sesamsaat und Mohnsamen, zum Bestreuen

Challahs gibt es in den unterschiedlichsten Formen, die alle symbolische Bedeutung haben: Zöpfe symbolisieren Liebe, zum Rosch ha-Schana gebackene runde Laibe haben „weder Anfang noch Ende" und stehen für den ewigen Kreislauf des Lebens, während für festliche Anlässe gebackene süße Challahs Glück bringen sollen.

Hefe und die Hälfte des Zuckers in eine Schüssel geben. Wasser einrühren und etwas Mehl zugeben. Mit einem Küchentuch abdecken und 10 Minuten stehen lassen, bis die Mischung Blasen wirft. Nach und nach mit dem Knethaken eines Handrührgerätes oder von Hand den restlichen Zucker, Salz, Öl und Eier unterrühren. Das restliche Mehl nach und nach zugeben, bis ein klebriger Teig entsteht. Auf mittlerer Stufe kneten, bis der Teig eine Kugel um den Knethaken bildet. Ist er noch klebrig, etwas mehr Mehl zugeben und kurz verkneten. Der Teig sollte weich, nicht fest sein.

Eine große Schüssel einölen, den Teig hineingeben und darin wenden, bis er rundum mit Öl überzogen ist. Mit einem Küchentuch abdecken und an einem warmen Ort 1–2 Stunden gehen lassen, bis sich sein Volumen verdoppelt hat. Auf eine bemehlte Arbeitsfläche legen und leicht durchkneten. Wieder in die Schüssel legen, mit Frischhaltefolie abdecken und nochmals über Nacht gehen lassen – so wird seine Konsistenz lockerer.

Den Backofen auf 190 °C vorheizen. Ein großes Backblech einfetten. Den Teig auf einer bemehlten Arbeitsfläche vorsichtig kneten, zu einer Kugel formen und in zwei Teile schneiden. Eine Hälfte in drei gleich große Stücke teilen und diese zu 3 Strängen von ca. 50 cm Länge und 4 cm Dicke ausrollen. Aus den drei Strängen einen Zopf flechten, die Enden unterschlagen und den Zopf auf das Backblech legen. Die zweite Teighälfte ebenfalls zu einem Zopf verarbeiten. Mit einem Küchentuch abdecken und 1 Stunde gehen lassen, bis sich das Volumen der Zöpfe verdoppelt hat.

Beide Zöpfe mit der Eimischung bestreichen, einen mit Sesamsaat, den anderen mit Mohnsamen bestreuen. 40 Minuten backen, bis sie goldbraun sind und es hohl klingt, wenn man gegen die Unterseite der Zöpfe klopft. Auf einem Kuchengitter abkühlen lassen.

Tipp

Der Teig kann auch in der Küchenmaschine geknetet werden.

Pita-Brot mit Sesam

Ergibt ca. 12 Brote

20 Minuten, plus 2 Stunden 45 Minuten Ruhezeit

10–12 Minuten

- 1 EL Trockenhefe
- 1 TL Zucker
- 225 ml warmes Wasser
- 450 g Weizenmehl Typ 1050, oder 100 g durch Vollkornmehl ersetzen, plus etwas mehr zum Bestäuben
- 1 TL Salz
- Öl, zum Einölen
- 100 g Sesamsaat

Pita-Brot, das in Israel wie überall im Orient stets frisch erhältlich ist, wird flach gedrückt und bei hoher Temperatur gebacken, damit beim Abkühlen die typische „Tasche“ entsteht.

Hefe, Zucker und ein Drittel des Wassers gut verrühren. Etwas Mehl zugeben und mit einem Küchentuch abgedeckt 5–7 Minuten stehen lassen, bis sich Blasen bilden. Mehl und Salz in der Küchenmaschine mischen. Restliches warmes Wasser zugießen und bei laufender Maschine nach und nach das Mehl zugeben, bis eine glatte Teigkugel entsteht. Ist der Teig zu trocken, noch etwas Wasser zugeben.

Eine große Schüssel einölen, den Teig hineingeben und darin wenden, bis er rundum mit Öl überzogen ist. 1½–2 Stunden mit einem Küchentuch abgedeckt an einem warmen Ort gehen lassen, bis sich sein Volumen verdoppelt hat.

Den Teig auf eine bemehlte Arbeitsfläche legen und leicht durchkneten, dann in 12 gleich große Portionen teilen und jede Portion zu einer Kugel rollen. Auf ein bemehltes Backblech legen und mit einem Küchentuch abdecken. 30 Minuten gehen lassen, bis sich das Volumen der Kugeln verdoppelt hat.

Den Backofen auf 240 °C vorheizen. Zwei große Backbleche mit Mehl bestäuben. Die Sesamsaat in eine kleine Schale geben und jede Kugel darin wenden. Auf einer bemehlten Arbeitsfläche aus jeder Kugel einen Fladen von 13–15 cm Durchmesser formen.

Auf jedes Backblech 3–4 Fladen legen und diese 3 Minuten goldbraun backen. Wenden und weitere 2–3 Minuten backen, bis sie aufgehen und leicht gebräunt sind. Auf ein Kuchengitter legen. Die restlichen Fladen portionsweise backen und sofort servieren.

Bagels

Ergibt 12 Bagels

25 Minuten, plus 2 Stunden 30 Minuten Ruhezeit

40–50 Minuten

- 1 EL Trockenhefe
- 2 EL Zucker
- 50 ml Öl, plus etwas mehr zum Einölen
- 1 TL Salz
- 225 ml warmes Wasser
- 450 g Mehl Typ 550, plus etwas mehr zum Bestäuben
- 1 Ei, verquirlt, plus 1 Ei mit ¼ TL Salz verquirlt, zum Bestreichen
- Mohnsamen und Sesamsaat, zum Bestreuen

Bagels stammen ursprünglich aus Osteuropa. Sie wurden von Straßenverkäufern vor allem in den jüdischen Vierteln in Polen verkauft. Mit den osteuropäischen Juden kam das Gebäck in die USA, nach Großbritannien und später nach Westeuropa. In der Lower East Side in New York und im East End in London verkaufte man sie früher aus dem Handkarren. In New York sind sie seit den 1950er-Jahren überaus beliebt.

Hefe und die Hälfte des Zuckers in einer Schüssel mischen. Restlichen Zucker, Öl, Salz und Wasser unter Rühren in einem kleinen Topf 1–2 Minuten erwärmen, bis sich der Zucker aufgelöst hat. Zur Hefemischung gießen. Mit einem Küchentuch abgedeckt 5–7 Minuten stehen lassen, bis sich Blasen bilden. Das Mehl in die Küchenmaschine geben und bei laufendem Motor die Hefemischung eingießen, dann das Ei zugeben. Kneten, bis sich eine Teigkugel bildet. Ist der Teig zu klebrig, noch etwas Mehl zugeben – er sollte glatt und elastisch sein.

Eine große Schüssel einölen, den Teig hineingeben und darin wenden, bis er rundum mit Öl überzogen ist. Mit einem Küchentuch abgedeckt an einem warmen Ort 1½–2 Stunden gehen lassen, bis sich sein Volumen verdoppelt hat. Auf eine bemehlte Arbeitsfläche legen und leicht kneten.

Den Teig in 12 gleich große Portionen teilen, aus jedem Stück eine 20 cm lange Rolle formen und diese zu einem Ring drehen. Enden anfeuchten und fest aufeinander drücken. Auf ein bemehltes Backblech legen, mit einem Küchentuch abdecken und 25 Minuten gehen lassen, bis sich das Volumen verdoppelt hat.

Den Backofen auf 200 °C vorheizen. Zwei Backbleche einölen. In einem großen Topf Wasser zum Kochen bringen. Die Bagels portionsweise 1 Minute darin ziehen lassen, dann auf Küchenpapier abtropfen lassen, auf die Backbleche legen, mit der Eimischung bestreichen und mit Sesam- oder Mohnsamen bestreuen. 12–15 Minuten backen, bis die Bagels goldbraun sind. Auf einem Kuchengitter leicht abkühlen lassen und warm servieren. Als Belag eignet sich fast alles, am beliebtesten sind Räucherlachs und Frischkäse.

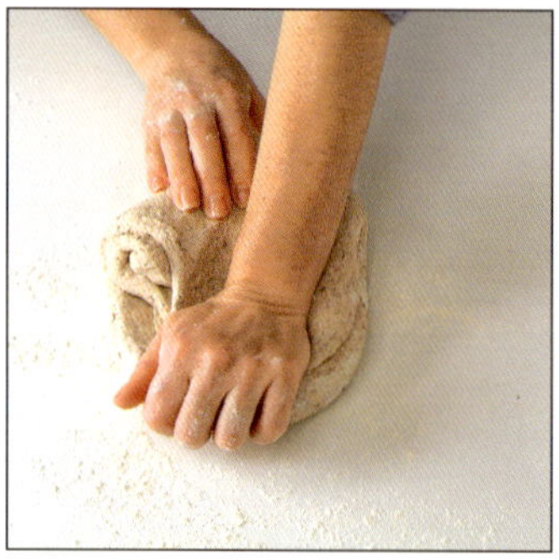

Roggenbrot

Ergibt 2 Laibe

25–30 Minuten, plus 4 Stunden 30 Minuten Ruhezeit

35 Minuten

- 1 EL Trockenhefe
- 600 ml warmes Wasser
- 2 EL Zucker
- 2 EL Öl, plus etwas mehr zum Einölen
- 280 g Roggenmehl
- 450 g Weizenmehl, plus etwas mehr zum Bestäuben
- 2 TL Salz
- 2 EL Kümmel, leicht zerstoßen, plus ganze Samen zum Bestreuen
- 1 Ei, verquirlt, zum Bestreichen

Leichtes Roggenbrot mit Kümmel zählt zu den beliebtesten Broten in der jüdischen Küche. Seinen Ursprung hat es vermutlich in den dunklen, kräftigen russischen Broten und den etwas säuerlichen deutschen Pumpernickel. Für ein „klassisches" amerikanisches Sandwich ist es unverzichtbar.

Hefe und Wasser in eine große Schüssel geben. Mit dem Knethaken der Küchenmaschine oder von Hand 1–2 Minuten rühren, bis sich die Hefe aufgelöst hat. Zucker, Öl, die Hälfte des Roggenmehls und 150 g Weizenmehl zugeben und gut verrühren. Mit einem Küchentuch abdecken und an einem warmen Ort 10 Minuten gehen lassen, bis die Mischung Blasen wirft.

Salz, Kümmel und restliches Roggenmehl zugeben und gut verrühren. Nach und nach restliches Weizenmehl unterkneten, bis ein fester Teig entsteht. Kneten, bis der Teig glatt und elastisch ist, falls nötig, noch etwas Weizenmehl zugeben.

Den Teig auf einer bemehlten Arbeitsfläche 7–10 Minuten durchkneten, dabei so viel Mehl einarbeiten, wie der Teig aufnehmen kann. Eine große Schüssel einölen, den Teig hineingeben und darin wenden, bis er rundum mit Öl überzogen ist. Mit einem Küchentuch abgedeckt 1½–3 Stunden an einem warmen Ort gehen lassen, bis sich sein Volumen verdoppelt hat.

Ein großes Backblech einfetten. Den Teig auf einer bemehlten Arbeitsfläche leicht durchkneten und in zwei Hälften teilen. Aus jeder einen Laib von ca. 15 cm x 10 cm formen und diese auf das Backblech legen. Mit einem Küchentuch abgedeckt an einem warmen Ort 45 Minuten gehen lassen.

Den Backofen auf 200 °C vorheizen. Jeden Laib mit verquirltem Ei bestreichen und mit Kümmel bestreuen. 35 Minuten backen. Das Brot muss hohl klingen, wenn man gegen die Unterseite klopft. Auf einem Kuchengitter abkühlen lassen. Als Belag eignet sich fast alles, auch Essiggurken und Pastrami, ein Rinder- oder Lammschinken, der in türkischen Lebensmittelmärkten als Pastirma erhältlich ist.

Kubaneh

Für 8 Personen

40 Minuten, plus 3 Stunden 45 Minuten Ruhezeit

1 Stunde 15 Minuten bis 1 Stunde 30 Minuten

1 EL Trockenhefe
90 g Zucker
125 ml warmes Wasser
450 g Mehl, plus etwas mehr zum Bestäuben
1 TL Salz
½ TL gemahlener Ingwer
120 g weiche Butter oder Margarine
425 ml kochendes Wasser
Öl, zum Einfetten

Kubaneh ist ein süßes jemenitisches Brot, das am Sabbat zum Frühstück gegessen wird. Ursprünglich wurde das Brot nur leicht gesüßt. Nachdem Jemeniten nach Israel einwanderten, wo Zucker preisgünstiger ist, wurde das Brot bald sehr viel süßer.

Hefe, 1 Teelöffel Zucker und warmes Wasser in eine große Schüssel geben und 1–2 Minuten verrühren, bis sich die Hefe aufgelöst hat. Etwas Mehl darüber streuen und mit einem Küchentuch abgedeckt 5–7 Minuten ruhen lassen, bis sich Blasen bilden.

In einer anderen Schüssel den restlichen Zucker, Mehl, Salz, Ingwer und die Hälfte der Butter vermischen. Das kochende Wasser zugießen. Rühren, bis sich der Zucker aufgelöst hat, die Butter geschmolzen und die Mischung glatt ist. Zur Hefemischung geben und alles zu einem weichen Teig verarbeiten. Falls nötig, noch etwas Mehl zugeben. 5–7 Minuten kräftig mit dem Knethaken der Küchenmaschine oder von Hand durchkneten, bis der Teig weich und glatt ist.

Eine Schüssel einölen, den Teig darin wenden, bis er rundum mit Öl überzogen ist. 1½–2 Stunden mit einem Küchentuch abgedeckt an einem warmen Ort gehen lassen, bis sich sein Volumen verdoppelt hat.

Den Teig auf einer bemehlten Arbeitsfläche leicht durchkneten, wieder in die Schüssel geben und abgedeckt an einem warmen Ort 1 Stunde gehen lassen. Den Backofen auf 160 °C vorheizen. Eine Gugelhupfform von 25 cm Durchmesser und ein Stück Alufolie von gleichem Durchmesser mit der Hälfte der restlichen Butter einfetten.

Den Teig wieder auf eine bemehlte Arbeitsfläche legen und durchkneten. In acht gleich große Portionen teilen, diese zu Kugeln formen und dicht nebeneinander in die Form legen. Abdecken und 30 Minuten gehen lassen, bis die Kugeln aufgegangen sind. Mit der restlichen Butter bestreichen und mit der Folie die Form fest verschließen. 1¼–1½ Stunden backen, bis sich der Teigrand von der Form löst. Auf einem Kuchengitter abkühlen lassen.

Tipp

Man kann auch die Folie entfernen, damit der Dampf entweicht, und das Brot noch 15 Minuten backen, bis es eine goldbraune Kruste hat. Dieses weiche, halb gedämpfte Brot schmeckt warm köstlich mit Marmelade wie auch mit einem leicht scharfen Chutney oder einer Würzsauce.

Rosinen-Zimt-Schnecken

Ergibt 24 Stück

30 Minuten, plus 2 Stunden 45 Minuten Ruhezeit

15–18 Minuten

Teig

400 g Mehl Typ 550, plus etwas mehr zum Bestäuben

1 TL Salz

3 EL Zucker

1 TL Trockenhefe

3 EL gehärtetes Pflanzenfett, gewürfelt

1 Ei, leicht verquirlt

125 ml warme Milch

125 ml warmes Wasser

Füllung

120 g Zucker

50 g brauner Zucker

1 TL gemahlener Zimt

90 g weiche Butter, plus etwas mehr zum Einfetten

50 g Rosinen oder Sultaninen

50 g gehackte Walnüsse oder Pekannüsse

Das Rezept gelangte durch deutsche Juden nach Großbritannien und Amerika und ist dort mittlerweile ein beliebtes Kaffeegebäck.

Mehl, Salz und Zucker in eine Schüssel geben, dann Hefe und Fett unterrühren. In die Mitte eine Vertiefung drücken. Ei, Milch und Wasser in einer anderen Schüssel gut verquirlen. In die Mulde gießen und mit dem Mehl verrühren, bis ein weicher Teig entsteht. Auf einer bemehlten Arbeitsfläche 5–7 Minuten durchkneten, bis der Teig glatt und elastisch ist. Eine große Schüssel einölen, den Teig darin wenden, bis er rundum mit Öl überzogen ist. 1½–2 Stunden mit einem Küchentuch abgedeckt an einem warmen Ort gehen lassen, bis sich sein Volumen verdoppelt hat. Nochmals durchkneten. Für die Füllung Zucker und Zimt in einer Schale mischen.

Zwei Muffinbleche für je 12 Muffins oder zwei einfache Backbleche gut einfetten. Den Teig zu einem großen Rechteck von ca. 5 mm Dicke ausrollen und längs halbieren. Beide Teigplatten mit Butter bestreichen, dann mit der Zuckermischung und den Rosinen und Nüssen bestreuen.

Jede Teigplatte von der Längsseite her aufrollen, mit der Nahtstelle nach unten legen und in 2 cm breite Scheiben schneiden. Jede Scheibe in eine Muffin-Mulde oder im Abstand von 3 cm auf das einfache Backblech legen. Mit einem Küchentuch abgedeckt an einem warmen Ort 30–45 Minuten gehen lassen. Den Backofen auf 200 °C vorheizen. 15–18 Minuten backen, bis die Schnecken aufgegangen und goldbraun sind. Auf einem Kuchengitter abkühlen lassen. Warm servieren.

Tipp

Wenn man die Schnecken im Muffinblech backt, rollen sie sich nicht auf. Backt man sie in einer großen Kuchenform, erhält man einen Rollkuchen, aus dem man einzelne Schnecken herausbrechen kann.

Dattel-Nuss-Brot

Ergibt ca. 12 Scheiben

20 Minuten, plus 5 Minuten Ruhezeit

1 Stunde

- 140 g Mehl, plus etwas mehr zum Bestäuben
- 1½ TL Backpulver
- ¼ TL Salz
- ½–1 TL gemahlener Ingwer
- 250 g gehackte getrocknete Datteln
- 1 TL Natriumbikarbonat
- 150 ml kochendes Wasser
- 1 Ei, leicht verquirlt
- 1 EL weiche Butter oder Margarine
- 100 g gehackte Walnüsse, Pekannüsse oder Mandeln

In biblischen Zeiten war eine gute Dattel- und Feigenernte ein Zeichen dafür, dass den kommenden Jahren Glück beschieden war. Trockenfrüchte enthalten viele Vitamine und Mineralstoffe und bereichern vor allem in den Wintermonaten die Ernährung.

Den Backofen auf 160 °C vorheizen. Eine 20 cm x 10 cm große Kuchenform einfetten. Den Boden und die Seiten mit Backpapier auslegen, das Papier sollte 2 cm über den Rand hinausragen. Ebenfalls einfetten und mit Mehl bestäuben. Mehl, Backpulver, Salz und Ingwer in eine Schüssel geben.

Datteln und Natriumbikarbonat in eine andere große Schüssel geben, mit kochendem Wasser übergießen und 5 Minuten stehen lassen.

Ei, Butter und Mehlmischung zu den Datteln geben und mit einem Holzlöffel gut verrühren, dann die Nüsse zugeben. Den Teig in die Form geben und die Oberfläche glätten. Die Form leicht auf die Arbeitsfläche schlagen, damit Luftblasen entweichen können.

Auf der mittleren Schiene im Ofen 1 Stunde backen, bis das Brot goldbraun ist und die Ränder sich von der Form lösen. Sticht man ein Messer in die Mitte, sollte es sauber sein, wenn man es wieder herauszieht.

Auf einem Kuchengitter abkühlen lassen, dann das Brot mit dem Papier aus der Form nehmen. Wird es nicht am gleichen Tag gegessen, ins Papier wickeln, damit es nicht austrocknet. Zum Servieren das Papier entfernen und in dünne Scheiben schneiden.

Tipp

Dieses Brot schmeckt am besten mit Ziegen- oder Frischkäse.

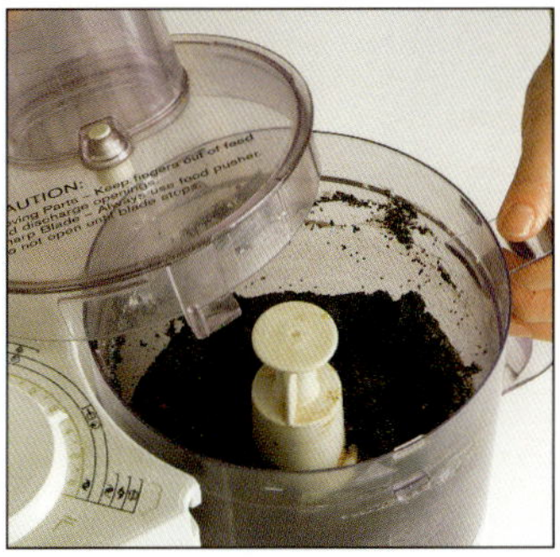

Mohnzopf mit Pflaumen

Für 12–14 Personen

40 Minuten, plus 3 Stunden 15 Minuten Ruhezeit

30 Minuten

- 1 EL Trockenhefe
- 50 g Zucker
- 4 EL warmes Wasser
- ½ TL Salz
- 4 EL warme Milch
- 4 EL weiche Butter, plus etwas mehr zum Einfetten
- 1 Ei, leicht verquirlt
- 400 g Mehl, plus etwas zum Bestäuben
- 1 Ei, mit 1 EL Milch verquirlt, zum Bestreichen

Füllung

- 175 g Mohnsamen
- 50 g Zucker
- 120 g entsteinte Pflaumen, gehackt
- abgeriebene Schale und Saft von 1 Orange
- 4 EL saure Sahne
- 1 EL Honig
- ½–1 TL gemahlener Zimt
- 225 g Puderzucker

Eine Tradition, die deutsche, österreichische und ungarische Juden in ihre neue Heimat nach Großbritannien oder in die USA mitnahmen, war der Kaffeeklatsch, zu dem Kuchen und Hefegebäck wie dieses serviert wird.

Hefe und Zucker in eine Schüssel geben und das Wasser einrühren. Mit einem Küchentuch abdecken und 5–7 Minuten stehen lassen, bis die Mischung Blasen wirft. Salz, Milch, Butter und Ei einrühren. Auf niedriger Stufe das Mehl mit dem Knethaken des Handrührgerätes unterkneten, bis ein weicher Teig entsteht. Ist dieser zu klebrig, noch Mehl zugeben. 2 Minuten auf mittlerer Stufe kneten, bis der Teig weich und elastisch ist. Dann auf einer bemehlte Arbeitsfläche 2–3 Minuten durchkneten, falls nötig, noch Mehl zugeben. Eine große Schüssel einölen, den Teig darin wenden, bis er rundum mit Öl überzogen ist. Abgedeckt 1½–2 Stunden an einem warmen Ort gehen lassen, bis sich sein Volumen verdoppelt hat.

Alle Zutaten für die Füllung außer Orangensaft und Puderzucker in der Küchenmaschine grob verrühren. Die Mischung darf nicht zu glatt sein.

Den Teig nochmals leicht kneten. Zu einem Rechteck (40 cm x 25 cm) ausrollen. Auf ein eingefettes Backblech legen. Die Füllung auf das mittlere Drittel geben, die beiden seitlichen Drittel schräg einschneiden, sodass 2 cm breite Streifen entstehen. Die Streifen abwechselnd über die Füllung legen und die Enden einschlagen. Abgedeckt an einem warmen Ort 1 Stunde gehen lassen, bis sich das Volumen verdoppelt hat. Den Backofen auf 190 °C vorheizen. Den Zopf mit Ei bestreichen. 30 Minuten backen, bis er goldbraun ist. Auf einem Kuchengitter abkühlen lassen. Den Puderzucker in eine kleine Schüssel sieben und mit dem Orangensaft glatt rühren. Den Zopf mit der Glasur bestreichen und vor dem Servieren trocknen lassen.

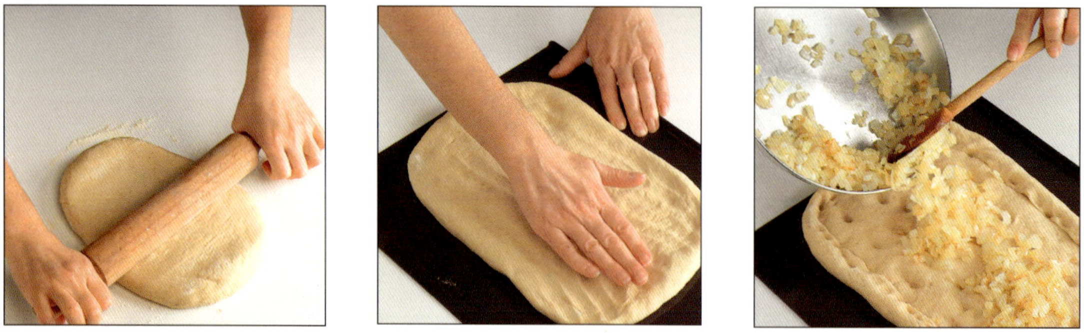

Zwiebel-Pletzel

Für ca. 20 Personen

25 Minuten, plus 1 Stunde 30 Minuten bis 2 Stunden Ruhezeit

25–30 Minuten

Teig

1 EL Trockenhefe

450 g Mehl, plus etwas mehr zum Bestäuben

1 EL Zucker

1 TL Salz

225 ml heißes Wasser

1 EL Öl, plus etwas mehr zum Einölen

2 große Eier, leicht verquirlt

Füllung

2 EL Öl

3 Zwiebeln, fein gehackt

Salz und Pfeffer

2 EL Mohnsamen

Mit dem jiddischen Wort Pletzel bezeichnet man etwas Flaches wie diesen Hefeteigfladen, der mit Zwiebeln belegt und mit Mohnsamen bestreut knusprig goldbraun gebacken wird, ähnlich wie die italienische Focaccia.

Hefe, Mehl, Zucker und Salz in eine Schüssel geben und in die Mitte eine Vertiefung drücken. Wasser, Öl und Eier zugeben und mit dem Knethaken des Handrührgerätes 2 Minuten kneten. Auf mittlerer Stufe weitere 5 Minuten kneten, bis der Teig glatt und elastisch ist und sich von der Schüssel löst. Mit einem Küchentuch abgedeckt an einem warmen Ort 1½–2 Stunden gehen lassen, bis sich sein Volumen verdoppelt hat. Den Teig auf eine bemehlte Arbeitsfläche legen und 2–3 Minuten durchkneten, um Luftblasen zu entfernen. Ist er zu klebrig, noch etwas Mehl zugeben.

Für die Füllung das Öl in einer großen Pfanne erhitzen. Die Zwiebeln darin 5 Minuten unter häufigem Rühren dünsten. Mit Salz und Pfeffer abschmecken und vom Herd nehmen.

Den Backofen auf 190 °C vorheizen. Ein großes Backblech einfetten. Den Teig auf einer bemehlten Arbeitsfläche zu einem ca. 30 cm x 25 cm großen Rechteck ausrollen.

Auf das Backblech legen und mit den Fingerspitzen den Teig von der Mitte des Rechtecks aus zum Rand hin schieben, bis das Rechteck ca. 40 cm x 35 cm misst. Die Ränder hochdrücken und mit dem Daumen einkerben. Die Zwiebeln auf dem Teig verteilen und mit den Mohnsamen bestreuen. Auf der unteren Schiene 20–25 Minuten backen, bis der Teig knusprig braun ist. Auf einem Kuchengitter abkühlen lassen. Dann in Quadrate oder Rechtecke schneiden.

Sufganiyot

Ergibt 24 Stück

35 Minuten, plus 2 Stunden 20 Minuten Ruhezeit

35–40 Minuten

1 EL Trockenhefe
450 g Mehl, plus etwas mehr zum Bestäuben
¼ TL Salz
2 EL Zucker, plus etwas mehr zum Wenden
300 ml warme Milch
4 Eigelb
3 EL sehr weiche Butter, saure Sahne oder Öl
Öl, zum Frittieren
Pflaumen-, Aprikosen-, rote oder schwarze Johannisbeermarmelade
120 g Zucker

Sufganiyot sind mit Marmelade gefüllte Krapfen, die in Israel zum Chanukka serviert werden. In Öl ausgebackenes und in Sirup getauchtes süßes Gebäck, das vermutlich mit den griechischen Loukoumades verwandt ist, hat bei den Sepharden seit Jahrhunderten Tradition.

Hefe, Mehl, Salz und Zucker in einer Schüssel mischen und in die Mitte eine Vertiefung drücken. Milch, Eigelb und Butter zugeben und mit dem Knethaken des Handrührgerätes 2 Minuten verrühren, dann auf mittlerer Stufe 5 Minuten kneten, bis ein glatter, elastischer Teig entsteht, der sich vom Rand löst. Mit einem Küchentuch abgedeckt 1½–2 Stunden an einem warmen Ort gehen lassen, bis sich sein Volumen verdoppelt hat.

Den Teig auf eine bemehlte Arbeitsfläche legen und leicht kneten, um Luftblasen zu entfernen. Ist der Teig zu klebrig, noch Mehl zugeben. Den Teig halbieren und jede Hälfte 2 cm dick ausrollen.

Mit einem Ausstecher von 5 cm Durchmesser 24 Kreise ausstechen (Teigreste wieder verkneten und ebenfalls verarbeiten). Mit einem Küchentuch bedeckt 20 Minuten ruhen lassen, bis die Stücke leicht aufgegangen sind.

In eine Fritteuse oder einen großen Topf mindestens 7 cm hoch Öl füllen und auf 180–190 °C erhitzen (ein Brotwürfel sollte darin in 30 Sekunden bräunen). Die Krapfen darin bei geschlossenem Deckel portionsweise von jeder Seite 3–4 Minuten goldbraun frittieren. Mit einem Schaumlöffel herausnehmen und auf Küchenpapier abtropfen lassen.

Einen kleinen Spritzbeutel mit einer 1 cm langen, geraden Tülle mit Marmelade füllen. Den Zucker in eine Schüssel geben. Wenn die Krapfen etwas abgekühlt sind, in jeden seitlich einen kleinen Schlitz schneiden und mithilfe des Spritzbeutels ca. 1 Teelöffel Marmelade hineingeben, dann im Zucker wenden. Auf einem Kuchengitter abkühlen lassen.

Apfelstrudel

Für 4–6 Personen

30 Minuten

25 Minuten

Füllung

2 große Äpfel

50 g Zucker

60 g Sultaninen oder Rosinen

2 EL gehackte Walnüsse, Pekannüsse oder Mandeln

1 TL gemahlener Zimt oder Ingwer

abgeriebene Schale und 1 EL Saft von 1 kleinen Zitrone

4 Blätter Strudelteig oder Filo-Teig

120 g Butter oder *parve* (neutrale) Margarine, zerlassen, plus etwas mehr zum Einfetten

90 g feines Semmelbrösel, Matzenmehl oder gemahlene Mandeln

Puderzucker, zum Bestäuben

In der sephardischen Küche ist der Filo-Teig schon seit Jahrhunderten bekannt. Vermutlich gelangte dieser im Zuge der türkischen Invasion nach Ungarn. Die ungarischen Bäcker entwickelten sich zu wahren Meistern der Filo-Teig-Backkunst. In den Wiener und Budapester Kaffeehäusern entstand daraus der Strudelteig.

Den Backofen auf 190 °C vorheizen. Ein Backblech einfetten. Die Äpfel schälen und entkernen, dann in dünne Ringe schneiden und in eine große Schüssel geben. Zucker, Sultaninen, Nüsse, Zimt sowie Zitronenschale und -saft zugeben und gut mischen.

Eine Teigplatte auf einer Arbeitsfläche auslegen, mit zerlassener Butter bepinseln und mit ca. 2 Esslöffeln Semmelbrösel bestreuen. Eine zweite Teigplatte darüber legen, mit Butter bepinseln und ebenso mit 2 Esslöffeln Semmelbrösel bestreuen.

Auf eine Längsseite des Teigs die Hälfte der Apfelmischung geben, dabei an den Seiten und am unteren Ende je 2 cm freilassen. Von der Längsseite her die Teigplatte mit der Füllung aufrollen. Mit der Nahtseite nach unten auf eine Seite des Backblechs legen.

Die beiden restlichen Teigplatten genauso verarbeiten und ebenfalls auf das Backblech legen. Die Strudel mit der restlichen Butter bestreichen.

25 Minuten knusprig goldbraun backen. Mit einem breiten Messer auf ein Kuchengitter heben und 5 Minuten abkühlen lassen. Großzügig mit Puderzucker bestäuben und warm servieren.

Baklava

Ergibt ca. 30 Stück

25 Minuten

50 Minuten

225 g Pistazien, geschält und abgezogen

2 EL Zucker

½–1 TL gemahlener Zimt

2 TL Rosenwasser oder Orangenblütenwasser

50 g Butter oder *parve* (neutrale) Margarine, zerlassen, plus etwas mehr zum Einfetten

50 ml Öl

280 g Filo-Teig

Sirup

225 g Zucker

125 ml Honig

175 ml Wasser

Saft von 1 Zitrone

2 TL Rosenwasser oder Orangenblütenwasser

In der aschkenasischen Küche wird zum Sukkoth Strudel mit Äpfeln und Rosinen als Symbol für eine gute Ernte gebacken – das Pendant in der sephardischen Küche ist das mit gemahlenen Nüssen sowie Gewürzen gefüllte und mit Honig- oder Zuckersirup getränkte Baklava.

Den Backofen auf 180 °C vorheizen. Eine rechteckige Backform von 30 cm x 20 cm x 3 cm einfetten. Die Nüsse in der Küchenmaschine mittelfein mahlen und Zucker, Zimt und Rosenwasser unterrühren.

Zerlassene Butter und Öl in einer kleinen Schüssel mischen. Die Teigplatten so zuschneiden, dass sie in die Form passen. Die Form mit etwas von der Butter-Öl-Mischung einfetten und mit der ersten Lage Filo-Teig auslegen. Diesen ebenso mit etwas von der Butter-Öl-Mischung bestreichen, mit einer weiteren Lage Teig bedecken. Auf dieselbe Weise fortfahren, bis die Hälfte der Platten verbraucht ist. Die Nussmischung gleichmäßig auf der obersten Lage verteilen, dann die restlichen Platten wieder lagenweise schichten und mit der Butter-Öl-Mischung bestreichen.

Den Teig mit einem scharfen Messer in ca. 4 cm breite Streifen schneiden und diese wiederum diagonal durchschneiden, sodass Rauten entstehen. 20 Minuten auf der mittleren Schiene des Ofens backen.

Die Ofentemperatur auf 150 °C reduzieren und das Baklava noch 20 Minuten backen, dann auf einem Kuchengitter 10 Minuten abkühlen lassen. In der Zwischenzeit für den Sirup Zucker, Honig und Wasser in einem kleinen Topf zum Kochen bringen. Den Zucker unter Rühren auflösen und 6 Minuten kochen lassen. Zitronensaft und Rosenwasser einrühren, leicht abkühlen lassen und dann langsam über das Baklava gießen. Warten, bis der Sirup ganz eingesickert und das Gebäck erkaltet ist. Abgedeckt und kühl aufbewahren. Bei Raumtemperatur servieren.

Tipp

Es ist viel einfacher, den Teig vor dem Backen als nach dem Backen zu schneiden. Verwenden Sie den dünnsten Filo-Teig, den Sie finden können.

Französische Mandel-Birnen-Tarte

Für 6–8 Personen

40 Minuten, plus 2–3 Stunden Kühlzeit

25–35 Minuten

Teig

- 175 g Mehl, plus etwas mehr zum Bestäuben
- ½ TL Salz
- 4 EL Puderzucker
- 120 g *parve* (neutrale) Margarine oder Butter, gewürfelt, plus etwas mehr zum Einfetten
- 2 Eigelb, mit 1 EL eiskaltem Wasser verquirlt

Füllung

- 2 Eier, getrennt
- 50 g Zucker
- 90 g gemahlene Mandeln
- 2 Tropfen Bittermandelaroma
- 2 große Birnen, geschält, entkernt und in Spalten geschnitten
- 2 EL Mandelstifte, zum Dekorieren (nach Belieben)

Frisch gebackene Tartes sind in der französisch-jüdischen Küche sehr beliebt – sie sehen sehr appetitanregend aus und sind meist mit frischem Obst gemacht. Wenn sie mit Margarine zubereitet sind, enthalten sie keine Milchprodukte.

Für den Teig Mehl, Salz und Zucker in der Küchenmaschine mischen. Die Margarine unterkneten, bis sich feine Krümel bilden. Die Eimischung zugeben und alles zu einem Teig verarbeiten, der sich nicht um den Knethaken wickeln darf, sonst ist er zu hart. Auf eine bemehlte Arbeitsfläche legen und leicht durchkneten. Eine Kugel formen, diese flach drücken und 2–3 Stunden oder über Nacht in den Kühlschrank stellen.

Eine 23–25 cm große Quicheform einfetten. Den Teig auf einer bemehlten Arbeitsfläche ca. 5 mm dick ausrollen und die Form damit auslegen. Mit dem Nudelholz über den Rand rollen, um überstehenden Teig abzutrennen. Den Boden mit einer Gabel einstechen. Abdecken und mindestens 1 Stunde kalt stellen. Den Backofen auf 200 °C vorheizen.

Den Teig mit einem runden Stück Backpapier abdecken, Trockenbohnen darauf verteilen und 10–15 Minuten blindbacken. Für die Füllung mit dem Handrührgerät Eigelb und Zucker 3–4 Minuten schaumig rühren, dann gemahlene Mandeln und Mandelaroma zugeben. In einer anderen Schüssel mit den gereinigten Rührstäben das Eiweiß steif schlagen und dieses unter die Eigelbmischung heben.

Den Kuchenboden auf ein Kuchengitter stellen. Papier und Bohnen entfernen. Die Birnenspalten dachziegelartig auf den Boden schichten und die Mandelmischung darauf verteilen. Nach Belieben mit Mandelstiften bestreuen. 15 Minuten backen, bis die Tarte goldbraun ist. Warm oder abgekühlt servieren.

Tipp

Mürbeteig ist nicht ganz einfach herzustellen. Die Zutaten müssen kalt sein. Ist der Teig zu weich, für einige Zeit in den Kühlschrank stellen.

Babka mit Rum

Für 8 Personen

20 Minuten, plus 2 bis 2 Stunden 30 Minuten Einweich- & Ruhezeit

30–40 Minuten

- 1 EL Trockenhefe
- 280 g Mehl
- 50 g Zucker
- ½ TL Salz
- 150 ml warme Milch
- 3 Eier, leicht verquirlt
- 4 EL weiche Butter oder Margarine, plus etwas mehr zum Einfetten
- 5 Tropfen Vanillearoma
- 5 Tropfen Rumaroma (nach Belieben)
- 60 g gehackte Walnüsse, Pekannüsse, Haselnüsse oder Mandeln
- 50 g Sultaninen oder Rosinen, 10 Minuten in Wasser eingeweicht und abgetropft
- 50 g gehacktes Orangeat oder Zitronat
- Mandelblätter, zum Bestreuen

Rumsirup

- 120 g Zucker
- 125 ml Wasser
- 2 EL Rum oder 10 Tropfen Rumaroma

Babka ist ein Hefekuchen russisch-polnischen Ursprungs mit viel Eiern und Butter. Er hat eine etwas lockerere Konsistenz als Brioche und enthält meist Trockenfrüchte, Nüsse und Orangeat oder Zitronat.

Hefe, Mehl, Zucker und Salz in eine Schüssel geben und eine Vertiefung in die Mitte drücken. Die Milch zugeben und mit dem Knethaken des Handrührgerätes unterrühren. Eier, Butter, Vanille- und Rumaroma zugeben und zu einem weichen, glatten Teig verarbeiten (der Teig soll sehr weich und schaumig sein, nicht fest wie Brotteig). Die Schüssel mit einem Küchentuch abdecken und 1–1½ Stunden an einem warmen Ort gehen lassen, bis sich das Volumen verdoppelt hat.

Eine 23–25 cm große Gugelhupfform oder runde Kuchenform einfetten. Nüsse, Sultaninen und Orangeat in den Teig rühren. Den Boden der Form mit den Mandelblättern bestreuen, den Teig darüber geben und vorsichtig verteilen. Abgedeckt an einem warmen Ort 45 Minuten gehen lassen, bis der Teig fast den oberen Rand der Form erreicht hat. Den Backofen auf 180 °C vorheizen. 30–40 Minuten backen, bis der Kuchen goldbraun ist und nachgibt, wenn man mit dem Finger darauf drückt. Auf ein Kuchengitter stellen und die Oberfläche rundum mit einem Spießchen einstechen.

Zucker und Wasser in einem kleinen Topf zum Kochen bringen und rühren, bis sich der Zucker aufgelöst hat. 3 Minuten kochen, dann vom Herd nehmen und den Rum einrühren. Den Sirup über den heißen Kuchen löffeln oder gießen und warten, bis er eingezogen ist.

Israelische Olivenbrote

Ergibt 16 Brötchen

30 Minuten, plus 2 Stunden 15 Minuten Ruhezeit

20–25 Minuten

- 1 EL Trockenhefe
- 90 g Buchweizenmehl, plus etwas mehr zum Bestäuben
- 350 g Weizenmehl
- 1 TL Zucker
- ½ TL Salz
- Pfeffer
- 225 ml warmes Wasser
- 2–3 EL natives Olivenöl extra
- 350 g schwarze Oliven, entsteint und gehackt

Oliven und ihr Öl spielen in der jüdischen Küche und Geschichte eine große Rolle. Olivenöl wurde in den Tempeln als Lampenöl, als zeremonielle Opfergabe und für Salbungen verwendet. An Chanukka verwendete man es zum Frittieren von Speisen, um des Lampenwunders zu gedenken.

Hefe, beide Mehlsorten, Zucker, Salz und Pfeffer in eine Schüssel geben und in die Mitte eine Vertiefung drücken. Wasser und Öl zugeben und mit dem Knethaken des Handrührgerätes verrühren.

Nach und nach die Oliven zugeben und auf mittlerer Stufe 4 Minuten kneten, bis ein weicher, glatter Teig entsteht. Mit einem Küchentuch abgedeckt an einem warmen Ort 1–1½ Stunden gehen lassen, bis der Teig sein Volumen verdoppelt hat.

Den Teig auf eine bemehlte Arbeitsfläche geben und leicht kneten, um Luftblasen zu entfernen. Zu einer Kugel rollen und in 4 Stücke schneiden. Jedes Stück zu einer Kugel rollen und wiederum in 4 Stücke teilen, sodass man insgesamt 16 gleich große Stücke erhält.

2 große Backbleche einfetten. Mit bemehlten Händen aus den Teigstücken Kugeln formen und diese auf die Bleche legen. Mit einem Küchentuch abdecken und an einem warmen Ort 30–40 Minuten gehen lassen, bis sich ihr Volumen verdoppelt hat. Den Backofen auf 200 °C vorheizen.

Die Brötchen mit etwas Buchweizenmehl bestäuben (am besten durch ein Sieb). Mit einem scharfen Messer kreuzweise einschneiden und auf der untersten Schiene 20–25 Minuten knusprig goldbraun backen (wenn man gegen die Unterseite der Brötchen klopft, sollte es hohl klingen). Auf einem Kuchengitter 2 Minuten abkühlen lassen, dann vom Blech nehmen. Warm oder bei Raumtemperatur servieren.

Zwetschgenkuchen

Für 6–8 Personen

45 Minuten, plus 45 Minuten Kühlzeit

40–50 Minuten

Teig

abgeriebene Schale von 1 Zitrone

50 g Zucker

140 g Mehl

120 g gekühlte Butter, gewürfelt

1 großes oder 2 kleine Eigelb, mit 1 EL Brandy verquirlt (Brandy nach Belieben)

Belag

50 g Pflaumenmus

1 EL Brandy oder Wasser

1 kg Zwetschgen, gewaschen, geviertelt und entsteint

70 g Zucker

1 TL gemahlener Zimt

frisch geriebene Muskatnuss (nach Belieben)

Dieser Kuchen wird in der Regel an Rosch ha-Schana (jüdisches Neujahr im Herbst) zubereitet, wenn die Zwetschgen reif sind (auch Aprikosen eignen sich gut). Die Früchte sollten jedoch nicht zu saftig sein, da der Kuchenboden sonst zu feucht wird. Der mit Brandy aromatisierte Boden zergeht förmlich auf der Zunge.

Eine 23–25 cm große Quicheform einfetten. Für den Teig die Hälfte der Zitronenschale und den Zucker in der Küchenmaschine mischen, bis der Zucker eine gelbliche Farbe annimmt. Das Mehl unterrühren, dann die Butter zugeben und rühren, bis sich feine Krümel bilden. Die Eimischung gleichmäßig darüber gießen und 20–30 Sekunden weiterrühren, bis sich ein dicker Teig bildet. Auf eine bemehlte Arbeitsfläche geben und leicht kneten. Zu einer Kugel formen und diese zu einem ca. 2 cm dicken Fladen flach drücken. Abgedeckt 30 Minuten in den Kühlschrank stellen.

Den Teig zwischen zwei große Stücke Frischhaltefolie oder Backpapier legen und von der Mitte ausgehend vorsichtig zu einem 5 mm dicken Kreis ausrollen. Das untere Stück Folie oder Papier abziehen und den Teig in die Form legen.

Das zweite Stück Folie oder Papier entfernen und den Teig in der Form gut andrücken. Überhängenden Teig entfernen und den Boden mit einer Gabel einstechen. 15 Minuten kalt stellen. Den Backofen auf 190 °C vorheizen.

Für den Belag Pflaumenmus und Brandy verrühren und gleichmäßig auf dem Teig verteilen. Die Zwetschgenviertel dachziegelartig in konzentrischen Kreisen anordnen. Zucker, Zimt, Muskat und restliche Zitronenschale mischen und über die Zwetschgen streuen. Auf der mittleren Schiene im Ofen 40–50 Minuten backen, bis der Teig goldbraun ist und Zwetschgensaft austritt.

Marokkanische Zigarren

Ergibt ca. 50 Stück

40 Minuten, plus 1 Stunde Auftauzeit

30–40 Minuten

25 kleine Blätter Frühlingsrollen-Teig (Tiefkühlware aufgetaut)

Öl, zum Frittieren

4 EL Honig

125 ml Wasser

Füllung

400 g blanchierte Mandeln

550 g Zucker

1 kleines Ei, leicht verquirlt

1 EL Rosenwasser oder Orangenblütenwasser, plus etwas mehr zum Besprenkeln (nach Belieben)

abgeriebene Schale von 1 kleinen Zitrone

Diese köstlichen „Zigarren" werden traditionell aus Blätterteig hergestellt, aber mit Frühlingsrollenteig geht es schneller! Süßes Gebäck dieser Art wird im gesamten Nahen Osten gern gegessen. Es ist zwar etwas klebrig, passt jedoch wunderbar zum Espresso nach dem Essen.

Für die Füllung Mandeln und die Hälfte des Zuckers in der Küchenmaschine mittelfein mahlen. Restlichen Zucker, Ei, Rosenwasser und Zitronenschale zugeben. Beiseite stellen.

Alle Blätter des Frühlingsrollen-Teigs auf die Arbeitsfläche legen und halbieren, sodass man 50 Blätter erhält. Auf jedes Blatt entlang einer Schmalseite je 1 Teelöffel Füllung setzen und den Rand darüber klappen. Den gegenüberliegenden Rand mit etwas Wasser anfeuchten, die seitlichen Teigränder über die Füllung klappen, und das Teigblatt zu einer „Zigarre" aufrollen. Mit der Nahtseite nach unten auf ein großes Backblech legen (eventuell ein zweites Backblech verwenden). Die restlichen Teigstücke ebenso verarbeiten.

In eine Fritteuse oder einen hohen Topf ca. 10 cm hoch Öl einfüllen und auf 180–190 °C erhitzen (ein Brotwürfel sollte darin in 30 Sekunden bräunen). Die Zigarren portionsweise 2–3 Minuten knusprig goldbraun frittieren, dabei gelegentlich umdrehen. Auf Küchenpapier abtropfen lassen.

Honig und Wasser in einem kleinen Topf bei starker Hitze zum Kochen bringen. Die Hitze reduzieren und 5 Minuten köcheln lassen, dann vom Herd nehmen und etwas abkühlen lassen. Mit einer Küchenzange die Zigarren in den Sirup tauchen, auf einem Kuchengitter abkühlen lassen und in eine Servierschale legen. Nach Belieben kann man die Zigarren vor dem Servieren noch mit etwas Rosenwasser besprenkeln.

Tipp

Statt Frühlingsrollen-Teig können Sie auch hauchdünnen Filo-Teig verwenden.

Register